Orbis Terrarum

Der Mensch auf seiner Erde

EINE BEFRAGUNG IN FLUGBILDERN

Georg Gerster

DER MENSCH AUF SEINER ERDE

Atlantis

Ich danke: zuerst und mit Nachdruck der SWISSAIR, vor allem deren Werbechef Albert Diener und Art Director Fritz Girardin. Aufträge zu Luftbildern für werbliche Verwendung waren nur eine Form der Ermutigung; die andere kam aus der geteilten Überzeugung, wieviel die Fliegerschau zum Selbstverständnis des Menschen beitragen kann. Ohne ihren Ansporn wäre dieses Buch schon im Anlauf stecken geblieben.

Ich danke: dem Fotografen Emil Schultheß. Als Gestalter einer Reihe von Flugbild-Plakaten und Flugbild-Kalendern für die Swissair, denen meine Aufnahmen zugrundelagen, half er in uneigennütziger Weise Bild-Themen schärfer umreißen. Die Zusammenarbeit mit ihm sensibilisierte meinen Blick, seinem Anspruch verdankt das Buch viel.

Ich danke: dem Gestalter Hans Frei. Die undankbare Rolle des Lückenbüßers nicht scheuend, sprang er in einer kritischen Phase der Drucklegung des Buches ein und stellte bei den Farbkorrekturen des Bildteils sein immenses Können zur Verfügung.

Ich danke: der National Geographic Society in Washington/DC. Die Gesellschaft ermöglichte mir einen Erkundungsflug entlang dem Niger und gestattete die Benützung einiger der dabei gewonnenen Aufnahmen.

Ich danke allen, die mir bei der Vorbereitung, Durchführung und Auswertung von Flügen beistanden, namentlich Gianni S. Amadò, Dakar; Ali Ghalib al-Ani, Bagdad; Emil Baettig, Mexico City; Behnam Abu's-Suf, Bagdad; Rainer Michael Boehmer, Bagdad: Valerio Bondanini, Rom; Theodor Bregger, Mailand; Helmut Brinker, Zürich; Peter Bürgi, New York; Donald G. Campbell, Sydney; René Caretti, Bukarest; Arnold Catalini, Bagdad; W.H. Cook, Johannesburg; Reinhold Debrunner, São Paulo; Pio G. Eggstein, Johannesburg; Otto Eichenberger, Zürich; Peter Eigenmann, Hong Kong; Michael Evenari, Jerusalem; Catherine Flynn, Gove; Goro Kuramochi, Tokio; Guy G. Guthridge, Washington/DC; Derek T. Harris (†), Los Angeles; Carlos Häubi, Mexico City; Michael Heizer, New York; Sebastian Hirschbichler, Wien; Thino W. Hoffmann, Colombo; James G. Holwerda, Singapur; Max

Hunziker, Zürich; Thomas Immoos, Tokio; Zacharias B. Kaelin, Sydney; Peter Kaplony, Zürich; Max A. Landolt, Washington/DC; Fritz Ledermann, New York; Rudolf Müller, Tokio; Walter Müller, Lagos; Peter R. Odens, El Centro/Calif.; Erwin Walter Palm, Heidelberg; Roger Pasquier, Peking; Fritz Peyer, Hong Kong; Hans Röthlisberger, Uerikon/ZH; Hans Rüesch, Medan; Alfredo Schießer, Philadelphia; Walter A. Schmid, Zürich; Hans-Jürgen Schmidt, Bagdad; Ernst Schumacher, Bern; Mario Selva, Athen; Adolf Senn, Rom; Robert Smithson (†), New York; C.G.G.J. van Steenis, Leiden; William Sturtevant, Wauneta/Nebraska; Elva Weakley, Calexico/Calif.; August E. Weber, Hong Kong; Max Zimmerli, Kinshasa; Pierre Zoelly, Uerikon/ZH.

Alle Aufnahmen zu diesem Band stammen vom Verfasser

Atlantis Verlag Zürich und Freiburg im Breisgau
6. Auflage

ISBN 3 7611 0468 5

Inhalt

Schöne Aussichten 9

Die paradiesische Natur, Sündenfall inbegriffen 17
Bildessay Flug über die Afarsenke 49

Das Dach über dem Kopf 65
Bildessay Ein Siedlungsarchetyp: die Rundstadt 97

Kalligraphien des industriellen Zeitalters 117
Bildessay Salzgärten als Augenweide 149

Landschaft aus Bauernhand 161
Bildessay Flug über Nebraska 203

Archäologen gehen in die Luft 219
Bildessay Biblische Städte und Stätten im Flug 239

Mäler des Fragens 255
Bildessay Bilder für die Götter? 279

Verzeichnis der Bilder 305

Nachweise 310

Schöne Aussichten

«... im Flugzeug gib ihm viele schöne Aussichten und mach, daß ihn nicht die Hyänen fressen.» (Aus dem Nachtgebet meiner, damals, sechsjährigen Tochter)

In den allerletzten Dezembertagen des Jahres 1858 stieg Gaspard Félix Tournachon alias Nadar in einem Fesselballon zum ersten erfolgreichen Fotoflug auf; vorsichtshalber hatte er schon einige Monate vorher ein Patent auf die Verwertung der Luftfotografie zur Herstellung von Landkarten angemeldet. Am 23. August 1966, um 16.35 GMT, wies die kalifornische Boden-Kommandozentrale mit einer Reihe von Funkbefehlen den um den Mond kreisenden Foto-Satelliten Lunar Orbiter I an, einen Blick über die Schulter, zurück auf den Heimatplaneten, zu werfen. Zum ersten Mal sah jetzt der Mensch, wenn auch noch durch technische Sklavenaugen, seine Erde als Himmelskörper. Schon nach wenig länger als einem Jahrhundert war also die Herrschaft des Luftbilds zu Ende gegangen, hatte es seine Vorrangstellung dem Raumbild abtreten müssen. Vorzeitig, scheint mir: viele Möglichkeiten des Luftbilds aus mittleren Flughöhen sind noch zu erproben.

Gewiß, Stadt- und Landesplaner, Generale, Steuereinnehmer und Grundstückmakler, Erdkundler, Kulturingenieure, Förster, Straßen- und Wasserbauer setzen den Nutzen, den das Luftbild bringt, seit langem in ihr Kalkül ein; als Forschungs- und Lehrmittel ist es für sie – wie für ein hutvoll assortierter weiterer Spezialisten – Alltagskost und sicher kein Anlaß zu Gefühlsregungen. Wenn die Benützer und Berechner sich nicht aufregen wollen, dann ist das ihre Sache. So wie ich es sehe, ist das Luftbild ein einzigartiges Vehikel für Staunen, Zorn, Freude, Ärger – kühl läßt es nie. Für den Augenmenschen ist es Nachhilfeunterricht, eine ungewohnte Schule des Sehens; dem besorgten Zeitgenossen hält es einen Spiegel vor, in dem er sich selber als umweltbezogenem Wesen begegnet.

Niemand wird heute noch an den Fotografen das naive Ansinnen richten, daß er die Welt so abbilde, «wie sie ist». In jeder fotografischen Bemühung, die ihr Salz wert ist, gleichviel ob sie unter dem Banner der Kunst unternommen wird oder nicht, verbirgt sich der Versuch, die Patina der Gewöhnung abzukratzen, die alle Dinge wie ein klebriger Firnis überzieht – die Welt neu zu machen. Man braucht sich dabei nicht gleich als kleiner Herrgott aufzuspielen: wenn sich das Ich in den Vordergrund schiebt und die Dinge inszeniert, ist das Ergebnis genau so gut wie das Ich, und das ist meist nicht sehr gut, sondern provinziell, kunstgewerblich, geschmäcklerisch. Mit der Flugaufnahme löst der Fotograf sein Problem auf einen Streich. Die Versuchung, seinen Gegenstand zu inszenieren, zu manipulieren, stellt sich schon gar nicht ein; der Verlust der Möglichkeit, sich einzumischen, bringt zudem Gewinn an Freiheit: Was immer in den Sucher gerät, macht keine Einwände. Vor allem aber erscheint dem Blick von oben – ich denke an die Aufsicht, die Schau möglichst senkrecht nach unten, nicht an die Kirchturmperspektive, die Ansicht – die Welt ganz ohne Tränen unverbraucht wie am Schöpfungstag.

Philip Gilbert Hamerton, ein englischer Kunstkritiker der 1880er Jahre, verteidigte die herkömmliche Ansichtslandschaft gegen die Schau der Engel. Er erwog im Geist die Ergiebigkeit von Raum- und Luftbild, indem er sich den Erzengel Raphael beim Anflug auf die Erde vorstellte. Als Landschaft im künstlerischen Sinn ließ er nur gelten, was man mit beiden Füßen fest auf der Erde stehend sehen kann; die Flugbilder vermachte er etwas verächtlich den Geographen. Der Widerstand dauert an, sogar noch jetzt, obwohl Raphael inzwischen Gagarin heißt, oder Armstrong. Die Vogelschau sei doch unmenschlich, warf mir einmal ein Malerfreund vor – die Natur habe ja dem Menschen Flügel vorenthalten. Und der Traum, es den Vögeln gleichzutun, und die graue Hirnsubstanz, den Traum zu verwirklichen? Die visuelle Verfremdung der Welt, Dreingabe des Fliegens, hat immer gerade auch Maler gereizt. Die italienischen Futuristen versprachen sich von der *aeropittura*, der Malerei aus dem Flugzeug, Landschaften wie noch nie – «als ob sie soeben vom Himmel gefallen wären». Der greise Henri Matisse hat angeblich bedauert, nicht schon als junger Mann geflogen zu sein: die Schau der Welt von oben in frühen Jahren hätte ihm den weiten Umweg zu sich selber erspart. Trotz Überhöhung schafft das Luftbild wider Erwarten nicht Raum, sondern Fläche – und um die Organisation der Fläche rang Matisse zeitlebens. Jüngeren Kollegen soll daher der Meister zu fleißigem Fliegen geraten haben: wie nichts sonst entschlüßle es den optischen Code der Welt. Ein Flug nicht als der kürzeste Bindestrich zwischen zwei verstopften Flughäfen – Fliegen vielmehr als Abkürzung zu sich selber...

An der Zweit-Natur, an den Mustern und Ornamenten, die der Mensch wohnend und wirtschaftend der unberührten Natur abschmeichelt und abtrotzt, kann man sich von oben nicht sattsehen. Vorab der Blick auf die Flickendecke von Äckern und Feldern, die der Bauer über Talauen und Hochebenen gezogen hat, verheißt ein Rezept dafür, wie man Künstler wird, ohne es wirklich zu wollen. Der Fotograf muß sich dabei freilich in Demut üben. Was besagt es schon, daß er auf einem einzigen Flug mit der Kameralinse eine Galerie voll Poliakoffs – oder Bilder anderer Maler – errafft. Daß er sie sieht, wenn er sie sieht, ist das Verdienst eben dieser Künstler: sie haben an den Sehrastern mitgeformt, die bisher verborgene Schönheiten der Welt erschließen.

Als mein Plan zu einem Flugbild der Erde Umrisse gewann, frönte ich im Flugzeug noch ungehemmt einem Hedonismus der Augen. Auf Flügen fühlte ich mich manchmal von Schönheit geradezu überwältigt – immer von ihr so gut wie belagert, mit nichts als einem Arsenal von Fotoapparaten zur Abwehr der Bedrängnis. Zwar lockt mich die Lust an der Kalligraphie von Straßen, an der Graphik von Plantagen, an der Malerei-wider-Willen von Salzverdunstungsanlagen, am Mosaik kleinfeldrigen Ackerbaus noch jetzt immer wieder ins Flugzeug. Aber neben die Schönheit aus dem Blauen tritt nun gleichberechtigt die aus der Luft gegriffene Information. An Informationsgehalt übertrifft die Aufsicht die Ansicht bei weitem, gelegentlich vollbringt sie sogar so etwas wie die Quadratur des Kreises: die Informationsfülle wächst noch mit der Abstraktion. Zu einem Quentchen Mißtrauen fordert allerdings die Erfahrung auf, daß auch der gröbste Unfug des Menschen durch genügende Entfernung ästhetisch verklärt wird. Der Autofriedhof in einer Naturlandschaft: am Boden ist er gleichbedeutend mit einer Faust ins Auge, aber schon aus Drachenflughöhe verwandelt er sich in einen reizvollen Vielfarbenklecks. Und das Siedlungsgewucher, das Feld, Wald und Wiese frißt: spätestens aus Jetflughöhe erkennt das Auge in dem Chaos wohltuende Ordnungen. Der Blick aus dem Raumfahrzeug erlöst die Erde von dem Menschen überhaupt: als bewohnbarer, aber vielleicht gar nicht bewohnter blauer Planet präsentiert sie sich dem Mondfahrer. Das Phänomen der Erlösung durch Entfernung ist der Nachteil eines Verfahrens, das sonst nur Vorteile hat. Abstand schafft Übersicht und verdichtet das Einzelbild zum Sinnbild, zu einer Anklage hier, zu einer Lobeshymne dort, zum Manifest – Zufall wird zum Fall. Am Boden plagen wir uns ab mit der Bestandesaufnahme dessen, was ist, aber die erhabene Kontemplation des Luftbilds zeigt uns auch das, was sein könnte – das Inventar unserer Chancen. Luftbilder durchleuchten die von Menschen geschaffenen Umwelten, machen die Intensität des ökologischen Gebens und Nehmens augenfällig, verfolgen des Menschen Gratwanderung zwischen Torheit und Tüchtigkeit, Bewältigung und Vergewaltigung, belegen seinen Konflikt zwischen dem Auftrag aus Blut und Bibel, sich die Erde, und der neu erkannten Notwendigkeit, der Erde sich selber zu unterwerfen. Die jetzt so beliebte Auffassung, die den Menschen als die unheilbare Krankheit seines Planeten verteufelt, verurteilt ohne Gerichtsverhandlung. Ich verstehe dagegen meine Luftbilder als die Befragung des Angeklagten; sollten sie auch noch plädieren, dann eher für den Mehrer als gegen den Zehrer.

Soviel zu den «schönen Aussichten». Die «Hyänen», denen ich nicht zum Fraße fallen sollte, lernte ich bei der Arbeit an diesem Buch unter manchem Namen kennen. Dem schlampiger Mechaniker, leichtsinniger Piloten, verantwortungsloser Flugzeughalter – in ihrer Kategorie jeweils die böse Ausnahme. Ich sehe nichts dabei, in eine fliegende Kiste aus den Pioniertagen der Aviatik einzusteigen, aber ich merkte rechtzeitig, daß der Geschmack für den *angemessenen* Jahrgang das

Leben retten kann. Einen Ladenhüter, den man mir für den Flug über das Atlasgebirge zu den Souf-Oasen aufschwatzen wollte, wies ich wegen des wenig vertrauenswürdigen Alters und Aussehens zurück, offenbar mit Berechtigung: der Eigentümer der Maschine hatte, wie sich herausstellte, mit dem Absturz fest gerechnet, er hoffte die Versicherungssumme zu kassieren.

Meine Luftbilder kommen zustande um den Preis von Nerven. Über Stonehenge (Bild 168), das unter einem Flugkorridor der Nato zur Erprobung neuen Geräts liegt, eine Beinahe-Kollision mit einem Hochgeschwindigkeitshubschrauber... Flug über Kiuschu vor einem Taifun her, vom blankgefegten Himmel profitierend... Startklar in Mosul zum Rückflug nach Bagdad, inmitten von abhebenden und landenden Mig-Patrouillen: der Turm verweigert plötzlich den Start, ein Jeep rast quer über die Rollbahn, mein Herz sinkt in Erwartung einer Beschlagnahme der Filme, aber der Jeepfahrer überbringt ein Bukett Rosen – «mit den Empfehlungen und aus dem Garten des Flugstützpunktkommandanten»... Entspannte Unterhaltung mit dem Piloten auf dem Rückflug von der San Andreas-Bruchzone (Bild 2); er kommt ins Erzählen: die heroische Zeit des Luftbilds, Brieftauben und Raketen als Kameraträger kurz nach der Jahrhundertwende, das erlebte er noch als Junge mit. Alarmiert frage ich nach seinem Alter, 74 sagt er, er fliegt eigentlich nicht mehr, er ist nur mal gerade für seinen Sohn eingesprungen. Mir ist flau. Alter in Ehren, am Boden bitte... Ein letzter Blick in den Krater des Vulkans Erta Ale (Bild 23): die Abenddämmerung ist schon fortgeschritten, aber das nächste Flugfeld, ohne Radio und Radar, ohne Landehilfen, ohne Beleuchtung, liegt fünfzig Kilometer weiter und dreitausend Meter höher auf dem Hochplateau. Das kann nicht gut gehen. Der Pilot, Kaplan und Militärflieger, baut weniger auf seine «himmlische Verbindung» als auf sein fliegerisches Können. Beim Landeanflug lese ich die für ihn schon unsichtbaren Instrumente ab, die Nacht packt jetzt zu, der Pilot setzt im letzten Restlicht des Tages auf, bei nun schon ganzer Dunkelheit rollen wir auf dem holprigen Feld aus. Es ist noch einmal gut gegangen... Notlandung auf der

Panamericana und reguläre Landungen auf brasilianischen Feldflugplätzen, die auch das liebe Vieh frequentiert. Und derlei mehr. Es liegt mir fern, dem Leser das Gruseln beibringen zu wollen. Die Nerven werden ja auch nicht so sehr in der Luft und bei der Abwicklung der Flüge verschlissen als am Boden, noch vor dem ersten Abflug. Da wartet man tage- oder auch wochenlang auf klares Wetter. Da muß man den Piloten des Kleinflugzeugs dazubringen, daß er das Fenster aushängt oder eine Türe – oder, noch besser, beides; sein Widerstreben begründet er mit «Sicherheit» und meint «Komfort». Und dann bekommt man es fast überall mit Ämtern und Behörden zu tun, für die Luftfotografie und Spionage ein und dasselbe sind. Die Verbote und Bestimmungen stammen aus einer Zeit, als uns noch nicht Satelliten-Späher aus dem Orbit ungefragt zusahen. Nicht immer erledigt sich das Problem der Sperrgebiete auf die salopp-freundliche Art, mit der mich in einem afrikanischen Staat die zuständige Behörde davor warnte, in verbotene Zonen einzufliegen: «Als Spezialist der Luftfotografie», mahnte der Chef der Sûreté väterlich, «weißt du am besten, was du aufnehmen darfst und was nicht.» Kann man endlich in einem Flugzeug aufsteigen, das auf das Gerippe seiner selbst reduziert worden ist, hat man daher oft einen Sicherheitsbeamten an Bord. Nichts gegen Sicherheitsbeamte im allgemeinen, aber im speziellen sehr viel gegen solche, die zu jeder Aufnahme, die der Fotograf beantragt, «nein» sagen, weil sie dessen Leidenschaft für harmlose Felder, Farben und Formen ratlos läßt. Ich weiß freilich nachgerade etwa, wieviele enggeflogene Runden über einem erlaubten Aufnahmeziel es nötigenfalls braucht, bis ein unliebsamer Aufpasser sich er- und übergibt, und habe bei verschiedenen Proben aufs Exempel entdeckt, daß ein grün verfärbter, luftkranker Sicherheitsbeamter für Sicherheit nicht mehr viel übrig hat: apathisch nickt er zu jedem Aufnahmegesuch. Es ist besonders befriedigend, mit Piloten zu fliegen, die sehen, was der Fotograf sieht, aber ich lernte jene fürchten, die mein Enthusiasmus zu leicht ansteckt: Über der Steilwand von Bandiagara in Mali gerieten wir ins Trudeln, als es sich der Pilot nicht nehmen lassen wollte, selber Bilder zu machen.

Flügel sind übrigens keine Garantie gegen den Gebrauch der Füße. Eines Wintertags (–30 °C) stieg ich von Columbus/Ohio auf, aber der Pilot war erst vor kurzem zugezogen, und erfolglos irrten wir auf der Suche nach dem Schlangenhügel, einem von Ohios vorgeschichtlichen Denkmälern (Bild 184), in der Luft herum. Zuletzt landeten wir auf einem Stoppelacker, und ich marschierte eine halbe Meile querfeldein bis zum nächsten Bauernhof. Der Farmer konnte sich zunächst auf einen Landesfremden, der in leichten Stadtkleidern aus klirrender Kälte kam und nach der Großen Schlange fragte, keinen Reim machen. Er vergewisserte sich, daß ich wirklich von einem Flugzeug, und nicht von einer Fliegenden Untertasse abgesetzt worden war, erst dann gab's Kaffee und Auskunft. Beinarbeit gilt es auch zu leisten, wenn eine von oben entdeckte Landschaft oder Siedlung nachträglich einen Namen sucht. Ein Dorf so schön wie kein anderes war mir bei einem Erkundungsflug entlang dem Niger-Knie sozusagen in die Kamera gelaufen (Bild 35); ich verbrachte viele Monate später im Grenzgebiet von Mali und Niger Tage mit Nachforschungen über seine genaue Lage und seinen Namen. Labbézanga heißt es – und in Labbézanga erinnerten sich die Bewohner sehr wohl des Flugzeugs, das in Entdecker-Euphorie stundenlang – so schien es ihnen – über ihren Köpfen gekreist hatte. Mein Interesse für sie und der Umstand, daß ich über ein Flugzeug verfügt hatte, machten mich den Dörflern anfänglich verdächtig: sie hielten mich für einen Agenten der Regierung, der die ihnen angedrohte Aussiedlung vorbereiten sollte. Als sich das Mißverständnis aufgeklärt hatte, suchten sie vergnügt auf den Luftbildern ihr Haus, die Häuser der Freunde, die Dorfmoschee. Das Lesen von Senkrechtaufnahmen bereitete diesen Afrikanern, die vorher noch nie ein Luftbild gesehen hatten, keine Mühe.

Ich fotografiere meist aus Mietflugzeugen; Hochdeckern vom Baumuster Cessna gebe ich den Vorzug. Kleinflugzeuge gewährleisten noch Fliegen im Rohzustand – roh im Gegensatz zu durchgebraten, wie beim Steak. Den Liniengesellschaften ist nichts zu schlecht (Bordkino) und nichts zu gut (Champagner), um ihren fliegenden Gästen auszureden, daß sie in der Luft sind. Wenn einer die Routine von Film und Flasche dadurch stört, daß er sich die Nase am Fenster platt drückt, tut er kaum etwas für seine Beliebtheit. Daß er es sich aber nicht verdrießen lasse! Selbst aus hochfliegenden Jets und durch die Doppelverglasung hindurch gelingen zuweilen denkwürdige Bilder. Was die Fotografie aus Kursflugzeugen angeht, erinnere ich mich mit Wehmut der Zeiten, als die Seuche des Skyjacking noch nicht umging und Fluggäste leicht Zutritt zu der Pilotenkanzel erlangten. Im Cockpit der DC-3 ließ sich sogar ein Schiebefenster öffnen, und dann und wann unternahm ein Captain überdies, dem Fotografen zuliebe, eine Extra-Tour. Ich benütze die Gelegenheit, um mich nachträglich bei den Mitpassagieren von zwei Kursflügen zu entschuldigen: im ersten Fall tauchte der Captain aus der Reiseflughöhe zweitausend Meter hinunter, um mir eine Aufnahme des Felsentempels von Abu Simbel in Ägypten zu ermöglichen; im zweiten legte der Flugkommandant eine Linienmaschine über den Felskirchen von Lalibela in Äthiopien so lange in enge Kurven, bis meine Kameras leergeschossen waren. In beiden Fällen wußten die Mitreisenden zuerst nicht, wie ihnen geschah. Und als ich aus dem Cockpit zurückkam und auf meinen Sitz zusteuerte, waren die wenigsten noch fähig, ihre Köpfe von den Säcken zu heben. Sie hätten mich ja ach so gerne den Hyänen vorgeworfen.

Die paradiesische Natur, Sündenfall inbegriffen

Unser ist ein ruheloser Planet. Bei der Betrachtung von oben gerät die Erde augenfällig in Bewegung. Kontinentgroße Schollen wandern entlang von Bruchzonen, feuerflüssiges Gestein aus der Tiefe quillt in den Narben des Erdleibs auf, Wasser und Wetter furchen sein Gesicht, fremde Himmelskörper bombardieren ihn mit Meteoriten, Hufe scheuern ihn ab, Korallen bauen auf ihm ganze Gebirge. Und explosiv vermehrt sich manchmal eine Art auf Kosten der andern, belebte und unbelebte Umwelt zerstörend und das eigene Überleben gefährdend... ich rede von niederen Tieren. In der dynamischen Natur ist der Mensch ein Beweger unter andern – und das Luftbild von ihr läßt das Heimweh nach dem Paradies nicht zu, der Sündenfall ist allemal inbegriffen. Zwei Revolutionen haben den Menschen, «die Krone der Schöpfung», auf einen bescheideneren Platz versetzt. Die von Kopernikus ausgelöste beschnitt seinen kosmischen Übermut. Aus dem Mittelpunkt des Universums verstoßen, fand er sich wieder als Bewohner eines fünftklassigen Planeten, der um eine viertklassige, zwergenhafte Sonne kreist, die ihrerseits Bestandteil einer mittelmäßigen Sternwolke ist. Und die darwinische dämpfte seinen biologischen Hochmut. Geschaffen zur größeren Ehre Gottes schlief er ein, mit einem affenähnlichen Säugetier unter den Vorfahren wachte er auf. Beide Standortbestimmungen sind Errungenschaften der Wissenschaft, die die Natur als manipulierbares, abfragbares Gegenüber erlebt, beide aber empfehlen, zu Ende gedacht, demütige Einordnung ins Naturganze. Unauflösbares Dilemma zwischen Eingriff und Einsicht! Die Erde gehört auch den Elefanten und den Einzellern, allem was da fleugt und kreucht – ein ganz klein wenig jedenfalls; vorab indes ist sie *seine* Erde, mag der Mensch auch für seinen Anspruch keinen stichhaltigeren Grund als die bessere Spezialisierung seines Großhirns anführen. Mitbestimmung der wilden Tiere? Partnerschaft mit aller Kreatur? Demokratie der Lebewesen? Modische Modelle alle, törichte. So stark will ja modernes ökologisches Denken den Despoten Mensch nicht verunsichern. Not tut freilich die Erkenntnis (und an ihr orientiertes Verhalten), daß er die Waage, die Eingaben in die Lebensgemeinschaft gewichtet, nicht beliebig auf seiner Seite beschweren kann, ohne zu betrügen – sich selber. Bleibt die Hoffnung auf einen *aufgeklärten* Despoten...

1

Landvorsprung Sinais im Golf von Akaba, einer Fortsetzung des Roten Meeres, bei Dahab. Unverritzte, ewige Natur? Von Menschenhand unberührt, zweifellos. Aber ewig – unbewegt, unveränderlich? Die Springtide – hier über zwei Meter hoch steigend – hinterließ auf dem Sand azurblaue Tümpel und die sanfte Modellierung ihrer Strömung. Entlang dem Ufer bauen Korallen ihre Bänke. Und schließlich: der Meeresarm, gegen den dieser Bumerang aus Sand geschleudert ist, gehört zu einem System von Grabensenken, das sich über siebentausend Kilometer von der Küste Moçambiques bis zu den Bergen des Taurus erstreckt. Der Graben des Roten Meers und mit ihm der Golf von Akaba verbreitern sich weiter, jährlich und meßbar.

2

Die San Andreas-Bruchzone in der Carrizo-Ebene, US-Staat Kalifornien. Sie erreicht das Festland bei Fort Bragg, halbwegs zwischen San Francisco und der Grenze Kaliforniens mit Oregon, und verläßt es im Golf von Kalifornien, dieser selber eine Erweiterung der Erdspalte. Nirgends hat die Abtragung die Verwerfungslinie im Gelände anschaulicher herauspräpariert als in der Carrizo-Ebene. Horizontale Verschiebungen entlang der Verwerfungsnaht haben hier viele Trockenflußbetten abgewinkelt und versetzt. Entlang der Trennlinie des San Andreas-Bruchs verschieben sich zwei kontinentgroße Platten der Erdkruste: die pazifische Scholle (auf dem Bild rechts) mit dem Küstenstrich Kaliforniens nach Nordwesten, die nordamerikanische Scholle mit dem Rest des Goldenen Staats nach Südosten (relativ zueinander betrachtet). Die jährlichen Versetzungsbeträge erreichen nur Zentimeter. Bis Los Angeles (auf der pazifischen Scholle) und San Francisco (auf der nordamerikanischen Scholle) aneinander vorüberdriften, werden zehn oder auch zwanzig Millionen Jahre vergehen. Die gegenseitige Verschiebung erfolgt nicht ohne die Ansammlung von elastischer Spannung. Diese löst sich, wenn ein kritischer Wert überschritten ist, in Erdbeben. Mit dem San Andreas-Bruch, der ihren Staat auf tausend Kilometern Länge durchzieht, leben die Kalifornier daher gefährlich. Das Erdbeben von 1906 zerstörte San Francisco. Ein weiteres Großbeben ist ihnen nicht nur so gut wie, sondern hundertprozentig sicher, prophezeien die Experten, die sich an und für sich in der Rolle von Bußpredigern wenig wohl fühlen. Fraglich ist nur, wann, wie und wo – wobei allerdings einigen Seismologen Los Angeles als aussichtsreicherer Kandidat für die nächste Katastrophe erscheint als die Stadt am Goldenen Tor. Für viele junge Leute, die sich seiner Sonne und Freiheit erfreuen, ist heute Kalifornien der Inbegriff des «klimatisierten Alptraums» – und die auf den heiligen Andreas getaufte tektonische Zeitbombe ein Garant dafür, daß er nicht ewig währen wird.

3

Der Meteoriten-Einschlagskrater bei Winslow, US-Staat Arizona; am Nordrand ein kleines Museum für Besucher. Unter den bekannten «Astroblemen», d.h. den durch Raumbeschuß verursachten Wunden im Erdleib, das berühmteste. Der mutmaßlich zwei Millionen Tonnen schwere Eisenmeteorit schlug ein 173 Meter tiefes, im Durchmesser von Kraterrand zu Kraterrand 1264 Meter großes Loch in das Colorado-Plateau. Anwohnende Indianer bewahren eine Überlieferung, wonach einer ihrer Götter mit Getöse vom Himmel fuhr. Doch ist es unwahrscheinlich, daß Menschen miterlebten, was örtlich sich wie der Weltuntergang ausgenommen haben muß; der Meteorit fiel vor etwa 22000 Jahren. Die ersten weißen Siedler hielten den Aufschlagskrater für einen vulkanischen Sprengtrichter. Erst die Stücke meteoritischen Eisens, die um den Krater herum verstreut waren, belehrten sie eines bessern. Ein Herr Barringer aus Philadelphia kaufte 1903 den

Krater kurzerhand, in der Hoffnung, eine vom Himmel gestiftete Eisenlagerstätte ausbeuten zu können. Er bohrte auf dem Grund des Kraters nach dem Riesenmeteoriten – vergeblich. Bei der vorauszusetzenden Fallgeschwindigkeit ritt der Meteorit eine Druckwelle, die nicht nur die Gesteine am Zielort mechanisch und chemisch veränderte. Auch der Meteorit selber verdampfte dabei und zerbarst in abertausend Stücke.

4

Flußmäander – gesehen aus dem Kursflugzeug zwischen Fairbanks und Anchorage, US-Staat Alaska. Der erste Schnee hebt die Talaue hervor. Der Fluß taumelt von einer Talseite zur andern, von Gleithang zu Prallhang zu Gleithang. Die Mäander kommen offenbar aus der Dynamik des Fließvorgangs, ein Diktat der Umgebung – Schuttfächer einmündender Nebenflüsse und dergleichen – ist nicht erkennbar. Da und dort hat der Fluß einen Schlingenhals durchschnitten. Im Gelände einige Kapitel seiner Vergangenheit: abgestorbene Schlingen und verlandete Nebenläufe.

5

Filigran der Abtragung: Vulkankegel im Todestal, US-Staat Kalifornien. Der Vulkanausbruch liegt nur wenige Jahrhunderte zurück. Regengüsse haben seither Rillen, Runsen, Furchen und Racheln in den Tuff gegraben. Die Spülrinnen erweitern sich ganz allmählich zu Tobeln.

6

Centipede Reef, ein Teil des Großen Barriere-Riffs, Australien, bei Ebbe mit nur geringer Wasserbedeckung. Centipede Reef gehört zum Außenriff des Korallenwalls, der sich zweitausend Kilometer lang schützend vor die Nordostküste des Inselkontinents legt. Unter den Korallenriffen der Erde hat er nicht seinesgleichen, sogar in der Erdvergangenheit – so versichern die Geologen – gab es keine vergleichbare Schöpfung von Steinkorallen. Neuerdings macht sich Australien Sorgen um das Riff. Natur-Kräfte, über die der Mensch nichts vermag, gefährden die Korallenbauten – Erdbeben, Zyklone und Süßwasser (wenn das bei Nipptiden trocken gefallene Riff verregnet wird). In zunehmendem Maße beeinträchtigt aber auch der Mensch die Riffbildung durch falsche wasserbauliche Maßnahmen, die Wasserverschmutzung und andere ökologisch mißliche Eingriffe. Ob auch das massenhafte Auftreten der «Dornenkrone», eines die Korallenpolypen abweidenden Seesterns, die Folge einer ökologischen Fehlrechnung ist, bleibt vorläufig umstritten. Der Biologe Robert Endean macht die Ausrottung einer Trompetenschnecke (Tritonshorn, *Charonia tritonis*), des wichtigsten natürlichen Feindes des Stachelseesterns, durch den Menschen für die plötzliche Vermehrung der «Dornenkronen» verantwortlich. Die Mehrzahl der Wissenschaftler glaubt freilich, daß die Verdachtsmomente nicht ausreichen, um den Menschen als Sündenbock in die Wüste zu schicken. Im Gegensatz zu Endean halten sie ohnedies den Massenangriff des Dornenkronen-Seesterns für ein episodisches Geschehen, das sich auch schon früher ereignet hat.

7

Wunderwerk der Verwitterung: Bryce Canyon im US-Staat Utah. Die Bezeichnung «Canyon» führt in die Irre, es handelt sich vielmehr um den Steilabbruch einer Hochfläche aus horizontal gelagerten Kalk- und Sandsteinen mit einigen Lagen Schiefertonen und Kieskonglomeraten. In den Sedimentgesteinen treten aus nicht ganz verstandenen Ursachen zonenweise Schichtfugen auf, die senkrecht zu der Lagerebene verlaufen. In diesen Klüften greifen die Kräfte der Verwitterung an: Spaltenfrost und Pflanzenwurzeln sprengen den Stein. Wasser und Luftchemikalien lösen und zersetzen den Fels. Regengüsse und Schmelzwasser beseitigen den Verwitterungsschutt und setzen die Ziselierarbeit an den Türmen und Felsnadeln fort. Selbst deren Pigment ist weitgehend ein Erzeugnis der Verwitterung: beim chemischen Abbau des Gesteins entstehen rote und gelbe Eisenoxid- sowie lavendelfarbene und purpurne Mangandioxid-Verbindungen. Mit Recht kam dieses Verwitterungswunder in den Genuß totalen Schutzes als Nationalpark. Der Mann freilich, dessen Namen er trägt, scheint für das Wunder noch keine Augen gehabt zu haben. Für den mormonischen Viehzüchter Ebenezer Bryce, der sich dort 1875 niederließ, war der felsige Zauber- und Irrgarten ein Ärgernis – «ein höllischer Ort, um eine Kuh zu verlieren».

8

Erosionsstruktur in der Tiefebene zwischen Euphrat und Tigris, Irak. Regen- und überschüssiges Irrigationswasser fließen in einer Senke zu der Gestalt eines vielgliedrigen Drachens zusammen. Seine Farbe und den öligen Glanz nimmt das Ungeheuer mit Mineralien aus dem Boden auf.

9

Die «U.S.S. Glacier» bricht eine Fahrrinne in den McMurdo-Sund zwischen der Roß-Insel und dem antarktischen Festland. Der Eisbrecher rammt das Eis nicht mit seinem gepanzerten Bug, sondern setzt sich sozusagen auf das Eis, bis es unter seinem Gewicht birst. Eine spezielle Einrichtung zum Krängen – Wasser, das von Behältern steuerbord in Behälter backbord und zurück gepumpt wird – erlaubt es dem Schiff, sich notfalls auf dem Eis zu wälzen wie eine Robbe. Die «Glacier» (8600 Tonnen, 280 Mann, 21000 HP) ermöglicht es Tankern und Frachtern, McMurdo, den größten Versorgungs- und Forschungsstützpunkt in der Antarktis, einen Monat früher anzulaufen, als wenn das natürliche Bersten und Abtreiben des Buchteises abgewartet würde. Die Antarktis ist seit der Einstellung der Mondflüge wieder das unirdischste Ökosystem in Besuchsweite des Menschen – und das unfreundlichste: kontinentweit das kälteste, trockenste, stürmischste und höchste... Bis jetzt haben die Wissenschaftler den Kontinent für sich gehabt unter einem Pakt, der 1959 den siebten Erdteil für friedliche Forschung ausklammerte und die Gebietsansprüche aller Nationen auf Zeit einfror. Dieses Regime beschränkte die Eingriffe des Menschen auf ein Minimum, die Antarktis blieb eine Welt wie vor dem Sündenfall. Wie lange aber bleiben Internationalität und Unberührtheit garantiert? Rohstoffverknappung und Energiekrise wetzen den Appetit sogar auf die Bodenschätze, die am Ende der Welt nachgewiesen sind oder vermutet werden.

10

Geisterwald auf Hawaii, US-Staat Hawaii – ohne Zutun des Menschen. Der Ausbruch des Vulkans Kilauea Iki im Jahre 1959 – mit Rekord-Lavafontänen von fast sechshundert Metern Höhe – beregnete den Wald auf seiner Südwestflanke mit Asche und Schlacke. Viele der Baumleichen – mehrheitlich von der Gattung *Metrosideros*, Eisenholz, einer Eukalyptusverwandten – stürzten zudem in der Richtung des Passatwinds um, der den Todesregen verbreitete.

11/12

Flamingos am Hannington-See, Kenia. Mehr als die Hälfte der geschätzten Flamingo-Weltbevölkerung von sechs Millionen Schnäbeln lebt auf und an den Sodaseen im ostafrikanischen Grabenbruch. Zwei Flamingo-Arten waten, nisten und brüten in den unwirtlichen, von andern Tieren gemiedenen alkalischen Gewässern: der Kleine Flamingo *(Phoeniconaias minor)* und, in weit geringerer Zahl, der Große oder Gewöhnliche Flamingo *(Phoenicopterus ruber)*. Beider Schnäbel sind raffinierte Seihapparate, mit denen sie die reichlich vorhandenen Algen, winzige Garnelen und andere Kleinstkrustentiere aufnehmen, ohne die giftige Lauge mittrinken zu müssen. Das Gefieder der Küken ist schmutzigweiß; erst später färbt es sich rosa aus dem Verzehr von Salzalgen mit Canthaxanthin, einem dem Vitamin A chemisch verwandten Farbstoff (dazu die Bilder 93–96). Für Zoobesucher: Flamingos in Gefangenschaft erbleichen mit jeder Mauser mehr, wenn ihre Kost nicht Paprika, Karotten und/oder ein Canthaxanthinpräparat enthält. Der Kleine Flamingo trinkt an den Frischwasserzuflüssen der Sodapfannen, nach Möglichkeit die zahlreichen Heißquellen am Seeufer vermeidend: diese sind für die Löcher im Flamingo-Teppich verantwortlich. Gedankenlosigkeit quittiert Bilder von der Fülle der Kreatur gerne mit der Vorstellung vom Naturparadies. Diese könnte nicht falscher sein. Zwar hat der Flamingo außer vom Adler und Marabu wenig von lebenden Feinden zu fürchten. Um so mehr aber von den Launen der Witterung. Seen trocknen aus oder werden zur Unzeit überflutet: beides ruft Sonderbewegungen in dem jahreszeitlichen Hin und Her der (noch schlecht verstandenen) Wanderungen hervor, an denen sich Millionen Vögel beteiligen. Zum Massenvorkommen gehört spiegelbildlich die Massenvernichtung. Der See, dessen Salze um die noch schwachen Stelzbeine der Küken auskristallisieren, wird zur Todesfalle.

13/14

Straßen vor ihrer Erfindung: Wechsel der Gnus in der Serengeti-Steppe, Tansania; Trampelpfade von Pferd, Rind, Schaf und Ziege in der mesopotamischen Tiefebene, Irak.

15

Wasserblüte in der Bucht von Ise auf der japanischen Hauptinsel Honschu. Unsere Umweltsorgen haben manchenorts der schwärmerischen Vorstellung Vorschub geleistet, daß die Natur – den Menschen ausgeklammert – es stets am besten wisse. Aber eine Wasserblüte wie die gezeigte kommt zustande durch ein Zusammenbrechen des ökologischen Gleichgewichts ohne Zutun des Menschen: Bei veränderten örtlichen Bedingungen – Temperatur, Salzgehalt und Düngung unter andern – vermehren sich Dinoflagellaten, gepanzerte einzellige Geißeltierchen im Meeresplankton, lawinenartig. Die rötlichen Schlieren können von einer Dinoflagellaten-Art stammen, die nachts, wenn ein Schiff oder ein Fisch die Myriaden Schwebetierchen zum Leuchten anregt, die Wellen aufflammen läßt («Meerleuchten»). Oder die *Red Tide* – so die amerikanische Bezeichnung für die Erscheinung – kann aus Dinoflagellaten zusammengesetzt sein, deren Stoffwechselgifte eine ernsthafte Bedrohung für den Fischbestand sind. «Rote Tiden» mit katastrophalen Fischsterben sind periodisch eine Plage der spanischen und portugiesischen Atlantikküste, der Küsten Südafrikas, Südamerikas und Floridas, der Pazifikküsten beider Kalifornien, Australiens und Japans. Japanische Forscher stehen in der vordersten Front, um das Entstehen dieser Wasserpest besser zu verstehen und sie vielleicht einmal abzuwehren. Die «Roten Tiden» kosten auch immer wieder Menschenleben: Muscheln, die beim Verzehr von Dinoflagellaten deren Gift konzentriert haben, werden dem unvorsichtigen Gourmet gefährlich.

16

Ein Stück Roß-Schelfeis nahe seinem Abbruch im McMurdo-Sund, Antarktis. Das Eis fließt aus Süden gegen den Beschauer. Hier, in der Nähe des offenen Meers, ist das Gletschereis bereits mit Salzwasser durchtränkt. Das charakteristische Oberflächenbild in dieser Übergangszone hat allerdings weniger mit der Salinität als mit der Moränenbedeckung zu tun. Diese verursacht im Südsommer unterschiedliche Abschmelzraten. Das Roß-Schelfeis, zweimal so groß wie die Bundesrepublik Deutschland (und einmal die Schweiz dazu), ist eine bis zu 100 Metern mächtige Eisplatte, die auf dem Roß-Meer schwimmt, mit den Gezeiten steigend und fallend. Seine innere Fließgeschwindigkeit beträgt fast einen halben Kilometer jährlich; an seinem Rand kalbt es Eisberge.

17
Geisterbäume bei Gove, Australien – von Menschenhand. Die Baumskelette – Eukalypten und Mangroven – stehen im Rotschlamm eines Tonerdewerks. Rotschlamm ist der Rückstand bei der Tonerdeerzeugung; die Farbe verdankt er seinem Gehalt an Eisenoxid: Er trocknet in Auffangbecken und ist als Zuschlag bei der Roheisengewinnung, in der chemischen und in der Bauindustrie beschränkt weiterverwendbar.

18
Teerige Rückstände auf einem Strand östlich von Lagos, Nigeria. Solche schwarze Fieberkurven schreibt die Brandung in den Sand entlang dem ganzen Golf von Guinea, von der Elfenbeinküste bis nach Gabon. Die Öl- und Teerrückstände, die viele hundert Kilometer herrlichsten Sandstrands unbegehbar machen, sind keineswegs das Ergebnis eines einmaligen Unfalls, einer Tanker-Havarie etwa. Vielmehr liefern die Schiffe, die vorschriftswidrig oder zumindest rücksichtslos Ölrückstände in die See ablassen, das klebrige Zeug ständig nach. Die internationale Übereinkunft zur Verhinderung der Meeresverschmutzung durch Öl ist weitmaschig; statt eines generellen Verbots legt sie Verbotszonen fest. Nach amerikanischen Berechnungen fließen alljährlich 6 Millionen Tonnen Erdöl in die Weltmeere – der größte Teil aus dem Normalbetrieb von Schiffen. Wenn das so weitergeht, warnen Meeresbiologen, werden die Ozeane in einer Generation leblos sein.

19
Wasserhyazinthen in der Laguna de Bay, Philippinen. Die Wasserhyazinthe, *Eichhornia crassipes*, ist ein Ausreißer aus Südamerika. Blumenliebhaber, denen es die blaßblau blühende Wasserpflanze antat, verschleppten sie in die tropischen und subtropischen Gewässer Zentral- und Nordamerikas, Asiens, Australiens und Afrikas. Dort entwickelte sie sich oft, natürlicher Feinde ledig, zu einer Wasserpest sondergleichen. Ihre Vermehrungsfähigkeit ist unglaublich: sie wächst nicht, sie explodiert! Eine einzige Rosette kann sich – theoretisch, bei gleichbleibend idealen Bedingungen – in nur zwei Jahren mit ihren Ausläufern zu einem Teppich verfilzen, der groß genug ist, um die gesamte von Wasser bedeckte Erdoberfläche in einen Sumpf zu verwandeln. Sie überwuchert Navigationsbojen, legt Schiffsschrauben lahm, blockiert Flußhäfen, verstopft Bewässerungskanäle, setzt Pumpen außer Betrieb. Neuerdings läßt man freilich an diesem Teufelskraut wenigstens einen guten Faden: es eignet sich anscheinend zum Reinigen von giftigen Abwässern... Am Ufersaum der untiefen Laguna de Bay, dem größten Süßwassersee auf der philippinischen Hauptinsel Luzon, ist die Wasserhyazinthe ein gewohnter Anblick. Unklar bleibt jedoch, wie die abgebildeten kreisförmigen Eichhornia-Matten zustande kommen. Vielleicht darf man zur Erklärung an die sogenannten Seebälle an Flachküsten des Mittelmeers erinnern: sie sind von der Brandung zur Kugelform gerolltes Neptungras *(Posidonia)*. Offenbar können die nicht verankerten Inselchen – vielleicht nachdem ein Fischerboot sie angestoßen hat (zwei Ausleger-Kanus und eine Fischreuse auf dem Bild) – Platz wechseln. Ihre Wurzeln fegen dann den Bodendetritus mit sich; daher das «Loch», das sie beim Umzug hinterlassen. (Ich verdanke diesen Erklärungsversuch C.G.G.J. van Steenis, Direktor des niederländischen Rijksherbarium in Leiden.)

20
Wochenend-Nomaden in der Amerikanischen Sahara, US-Staat Kalifornien. Im Dünengebiet zwischen Yuma und Calipatria («Amerikanische Sahara») schreiben an Wochenenden Buggy-Enthusiasten, wie Sandflöhe über Dünenkämme hüpfend, ihre Ornamente in den Sand. Wohnmobile, das sandgängige Vehikel im Schlepp, rücken zu ganzen Siedlungen zusammen. Freilich: Was dem einen sein Plausch, ist dem andern seine Plage. Und Wü-

stenwanderer, erbost über die knatternde Konkurrenz, sind längst nicht mehr die einzigen, die die Invasion mit Verboten aufhalten möchten. Der Boom der nicht an die Straße gebundenen Freizeit-Fahrzeuge *(Off the Road Vehicles, ORV)* in den USA – sieben Millionen Wald-, Wiesen- und Wüsten-Buggies, Trailbikes und Schneemobile, mit einer befürchteten Verdoppelung des Bestandes innert fünf Jahren – ist auch ökologisch bedenklich. Heulenden Motors werden Strände und Waldböden sinnlos aufgepflügt – und Wüstenböden, die noch Narben von den Panzermanövern tragen, mit denen General Patton im Zweiten Weltkrieg den Nordafrikafeldzug einübte, werden endgültig der Vegetationszerstörung und Erosion preisgegeben. Wie ist dieser Plage und Umweltseuche zu wehren? Mit verbietenden oder einschränkenden Erlassen, gewiß – sofern diese gegen die Lobby der Plauscher, Fahrzeughersteller und (falschverstandenen) Touristik-Interessen durchgesetzt werden können.

21

Seelöwen und See-Elefanten auf der Neujahrsinsel vor der kalifornischen Küste. Seit 1873 betrieb die US-Küstenwache auf Año Nuevo Island einen Leuchtturm. Der Bau eines Leuchtfeuers auf dem Festland, zehn Kilometer küstenaufwärts, machte 1948 die Insel für die Coast Guard wieder entbehrlich – und Tausende von Robben rückten ein, als der Leuchtturmwächter und seine Familie die Station räumten. Zu den Dauerbewohnern der Insel gehören jetzt außer über fünfzig Vogelarten namentlich Stellersche und Kalifornische Seelöwen sowie See-Elefanten. Im Herbst verzehnfacht sich die Bevölkerung vorübergehend: bis zu 15000 Kalifornische Seelöwen schalten auf der Insel einen Wanderungshalt ein. Die Flossenfüßer haben sich unter den Spolien des Menschen eingerichtet, sie bewohnen Trümmer, Ruinen und Wracks. Für einmal haben die Tiere, hat die Mit-Kreatur das letzte Wort...

2 3
4 ▸

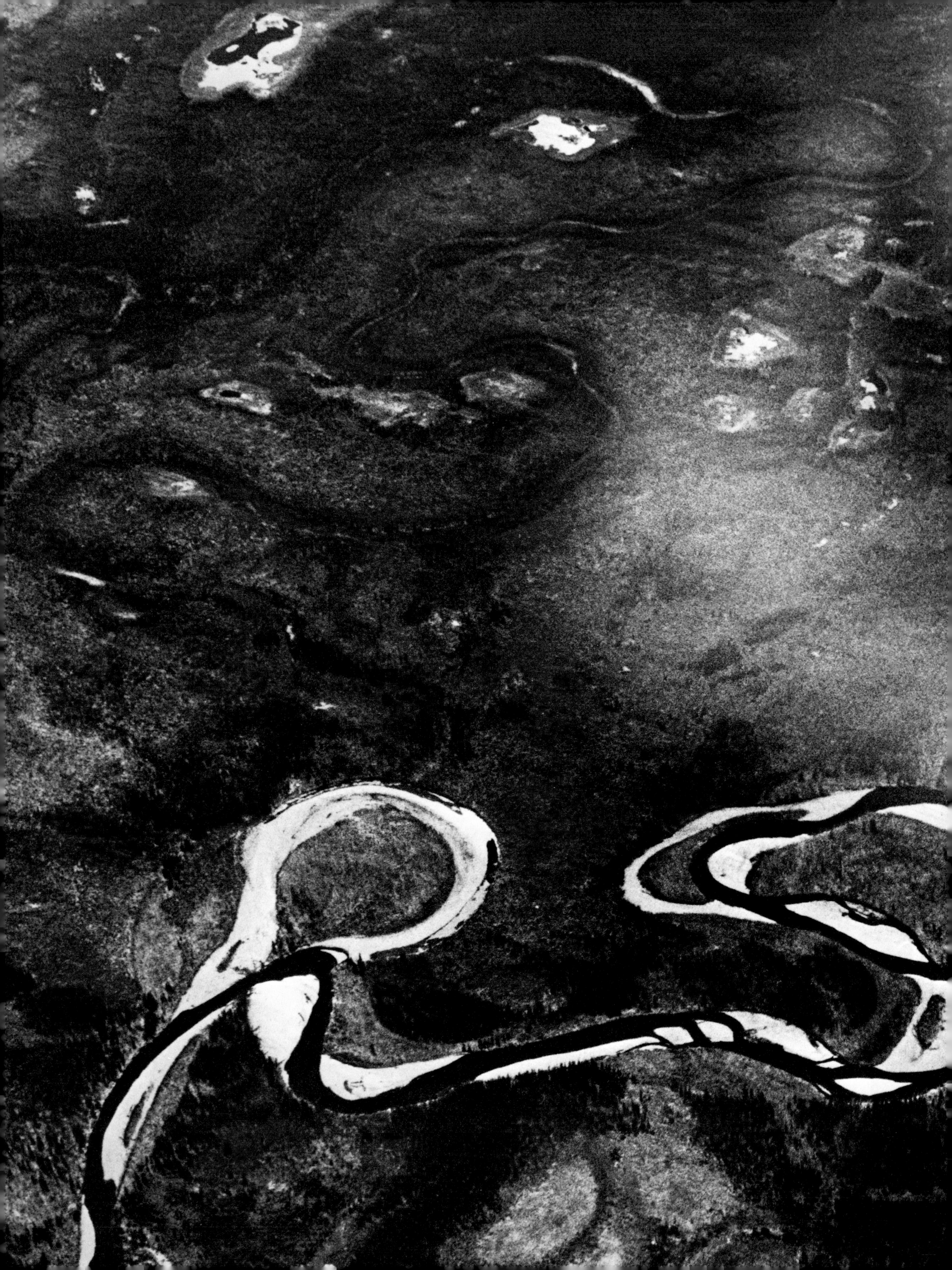

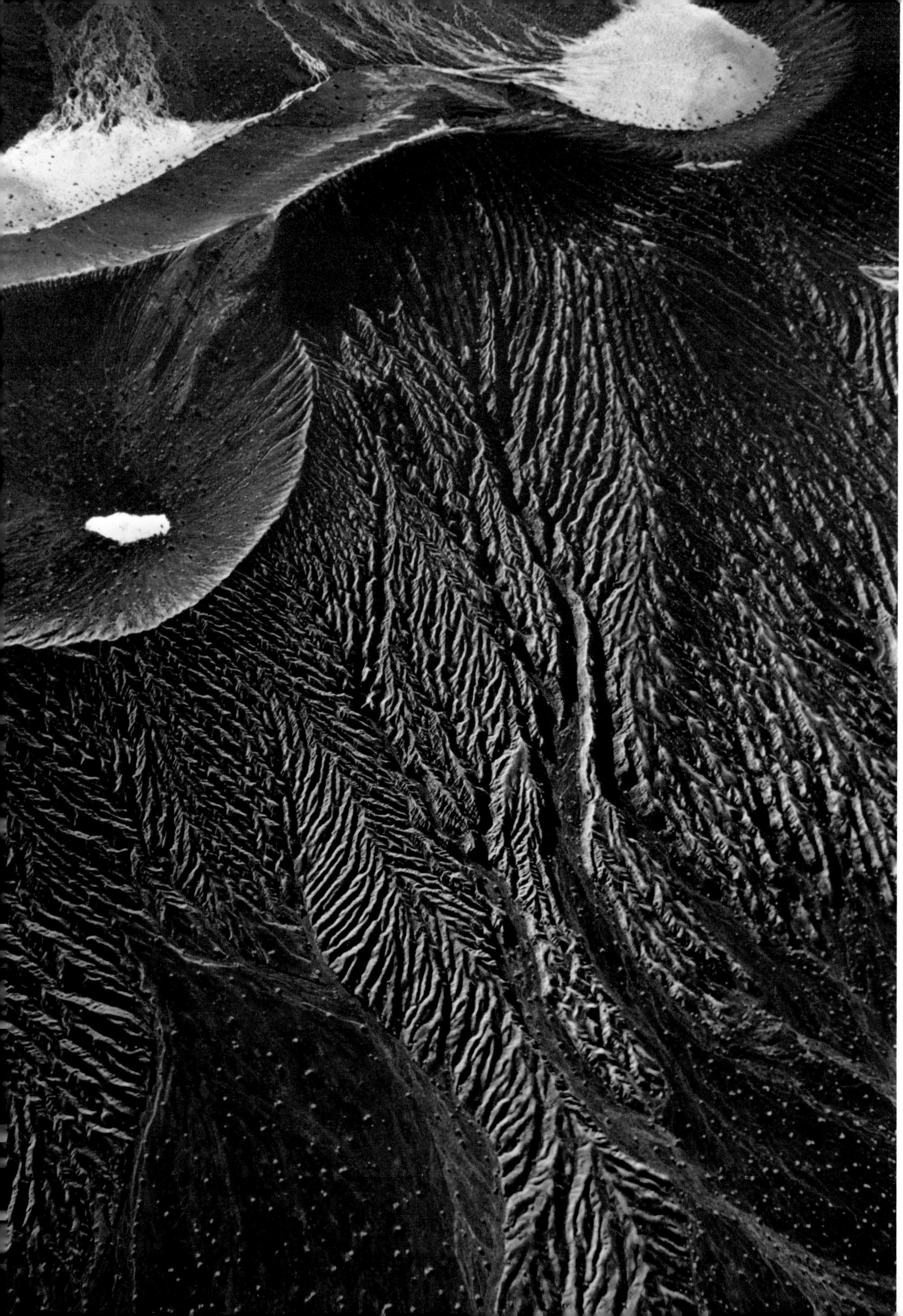

5 6

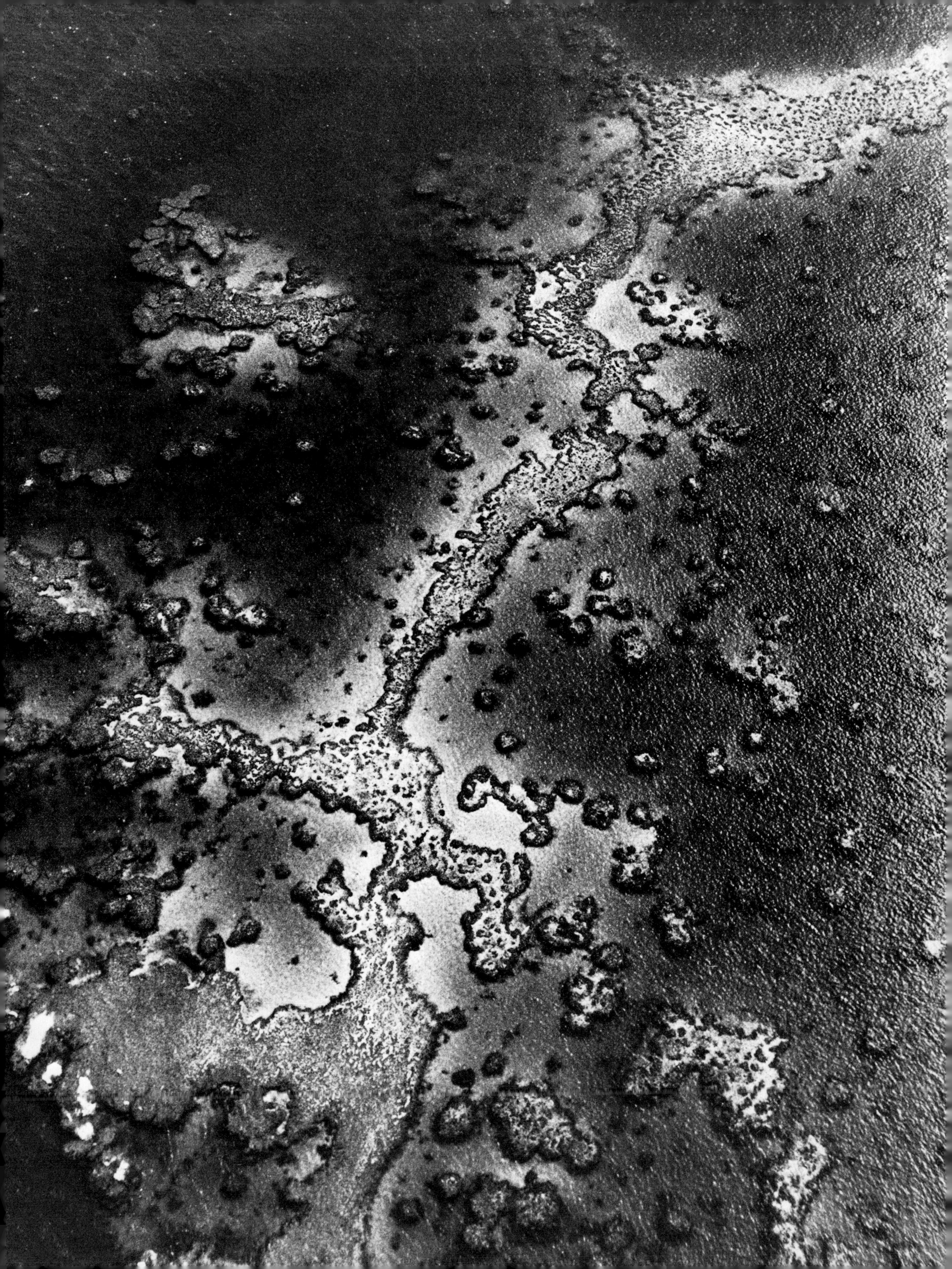

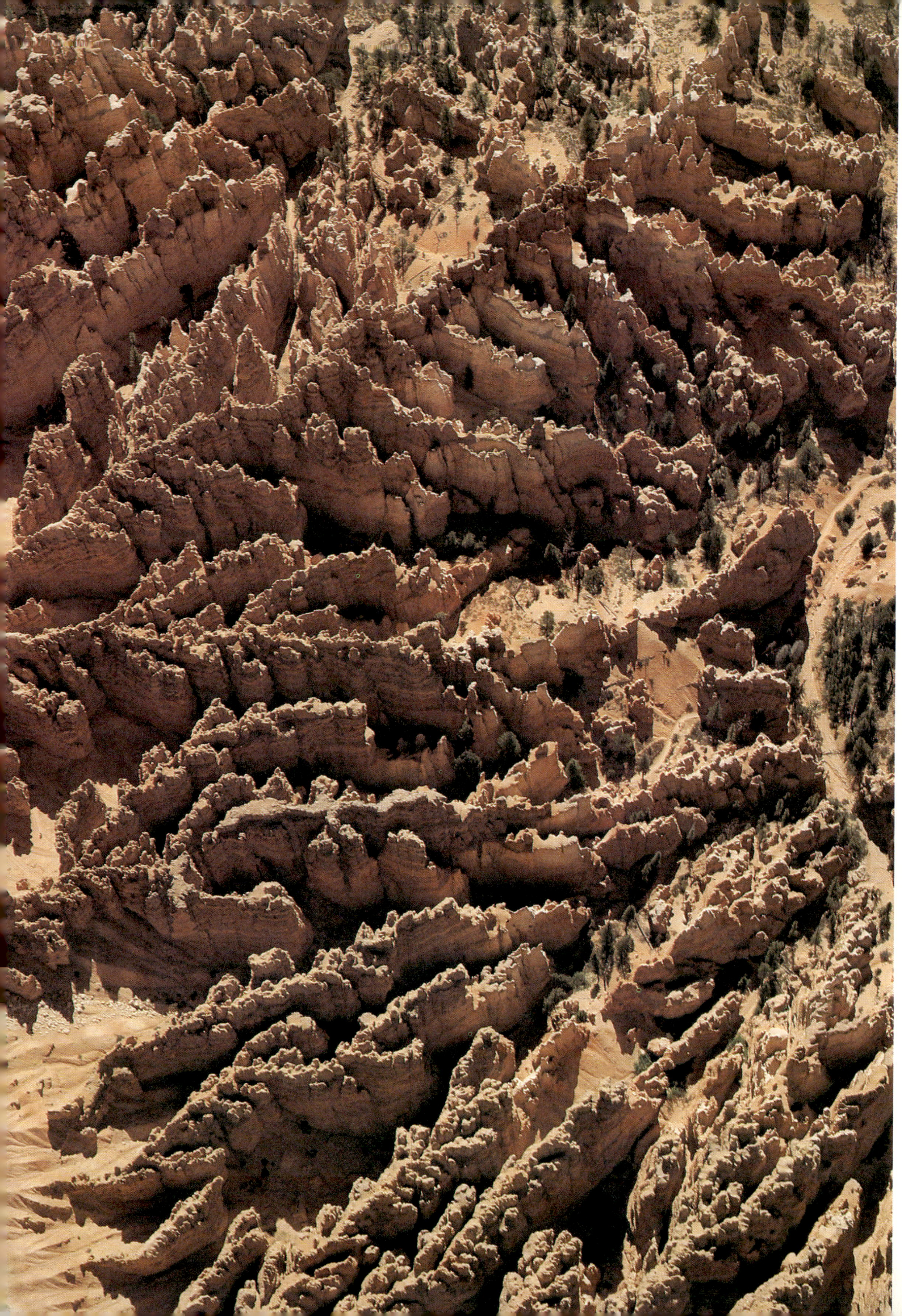

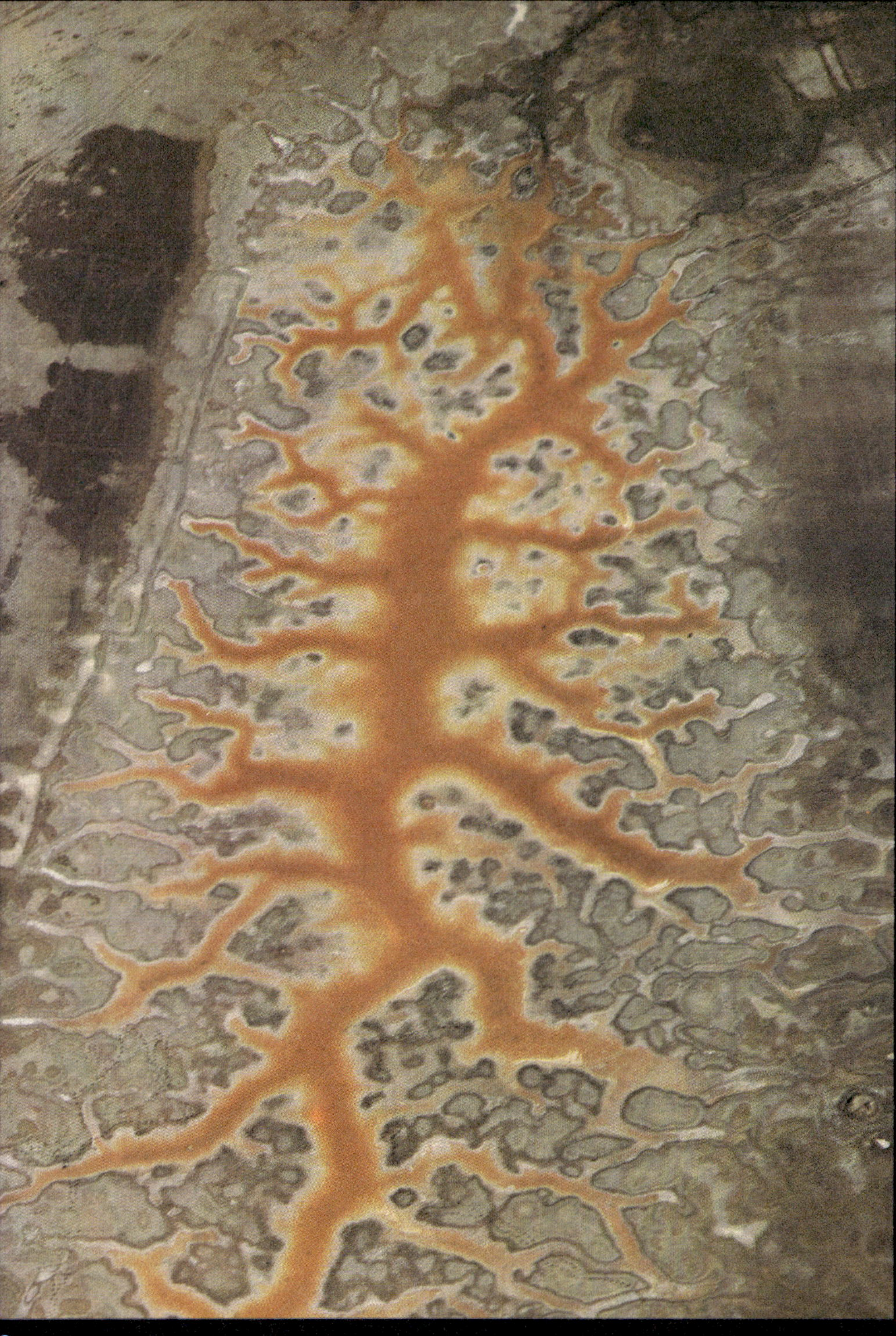

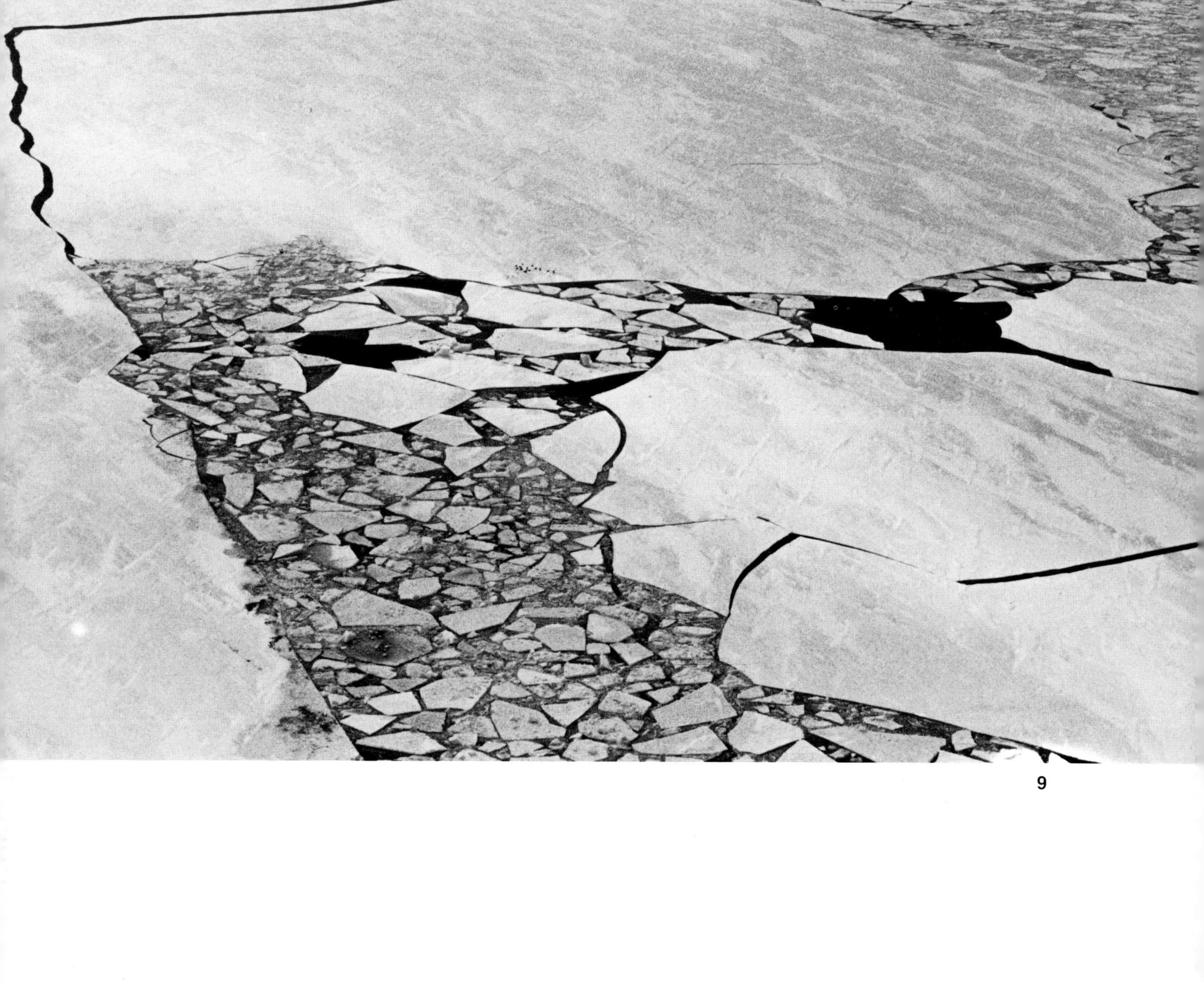

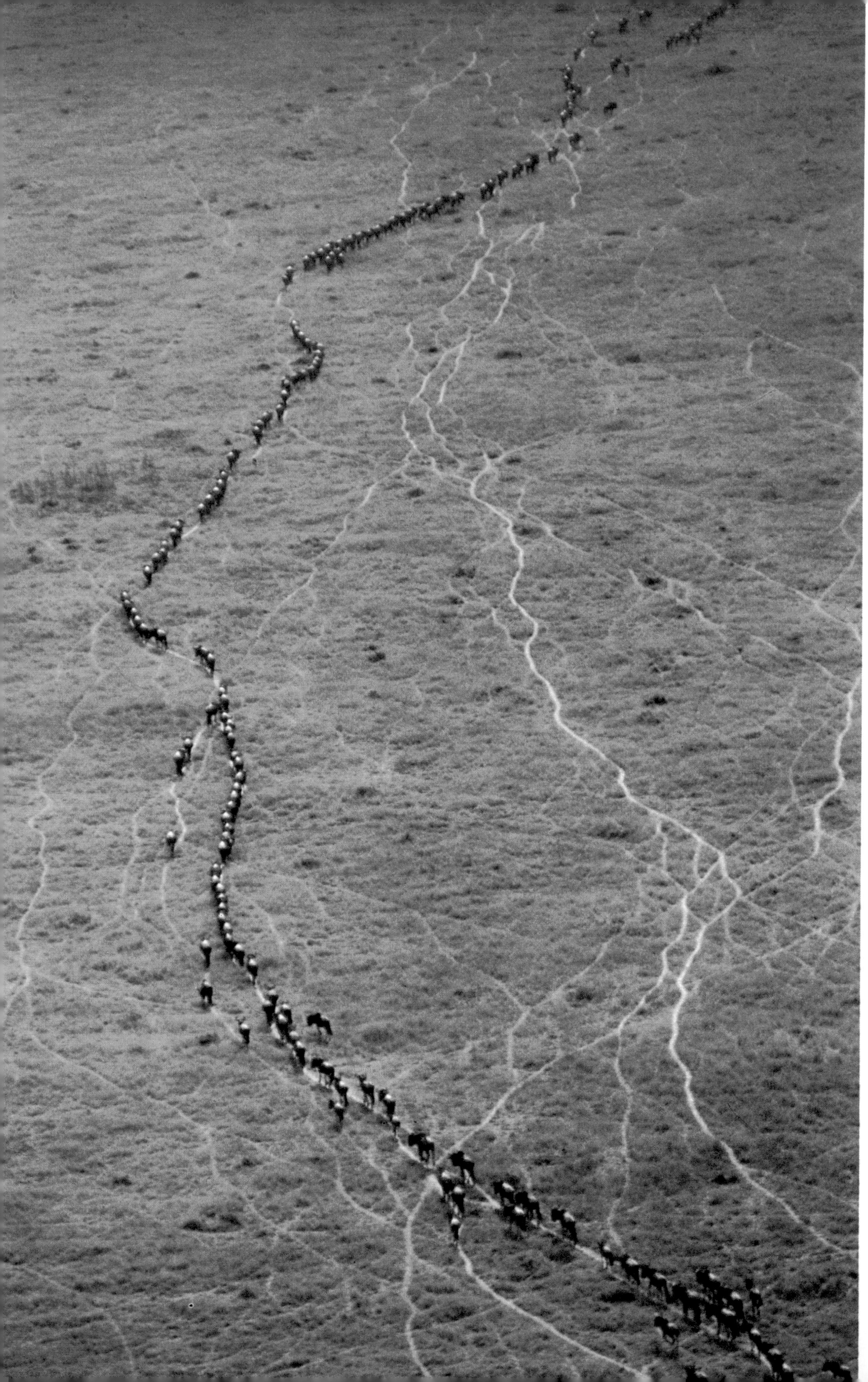

13

14
15

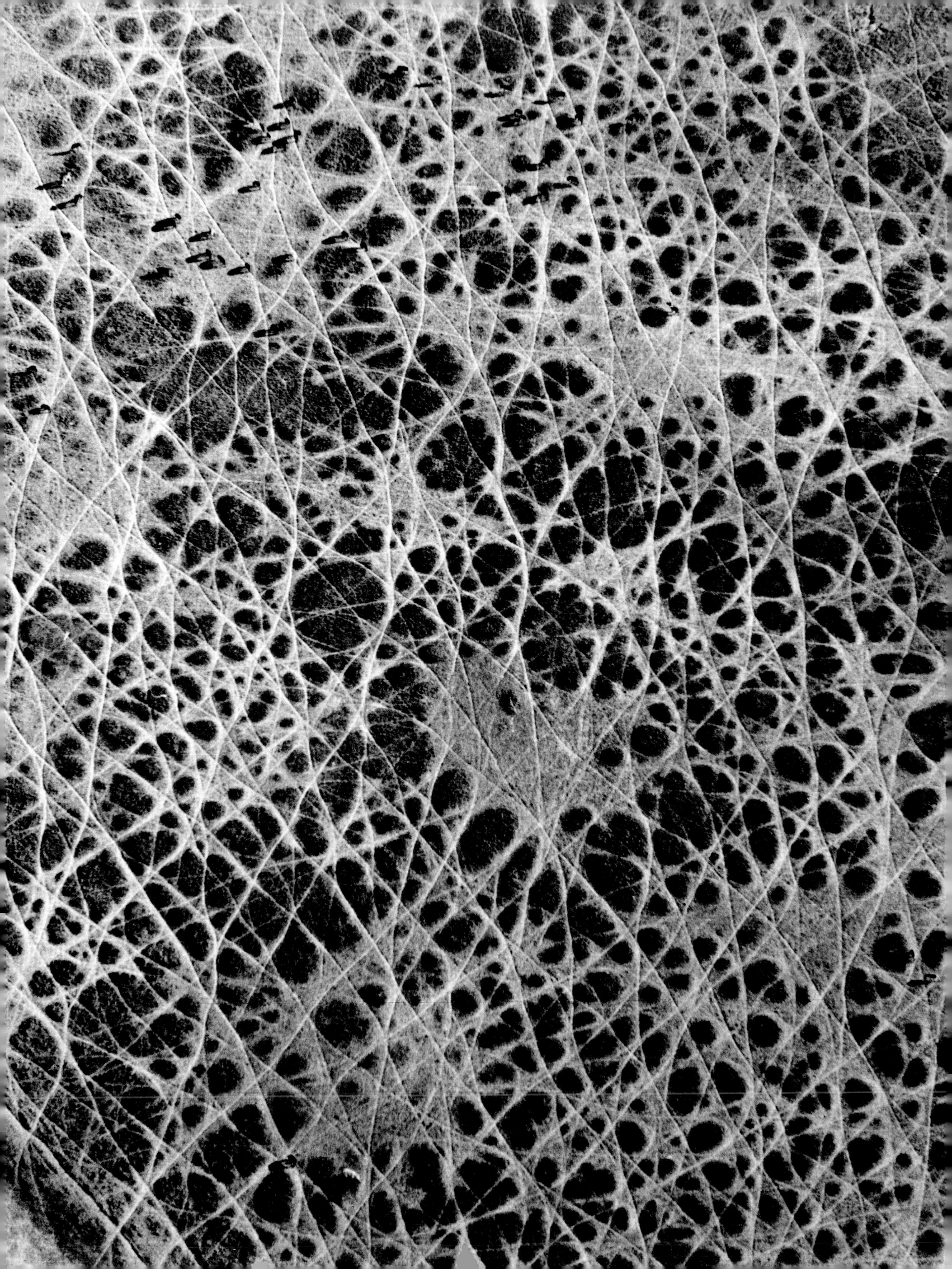

16

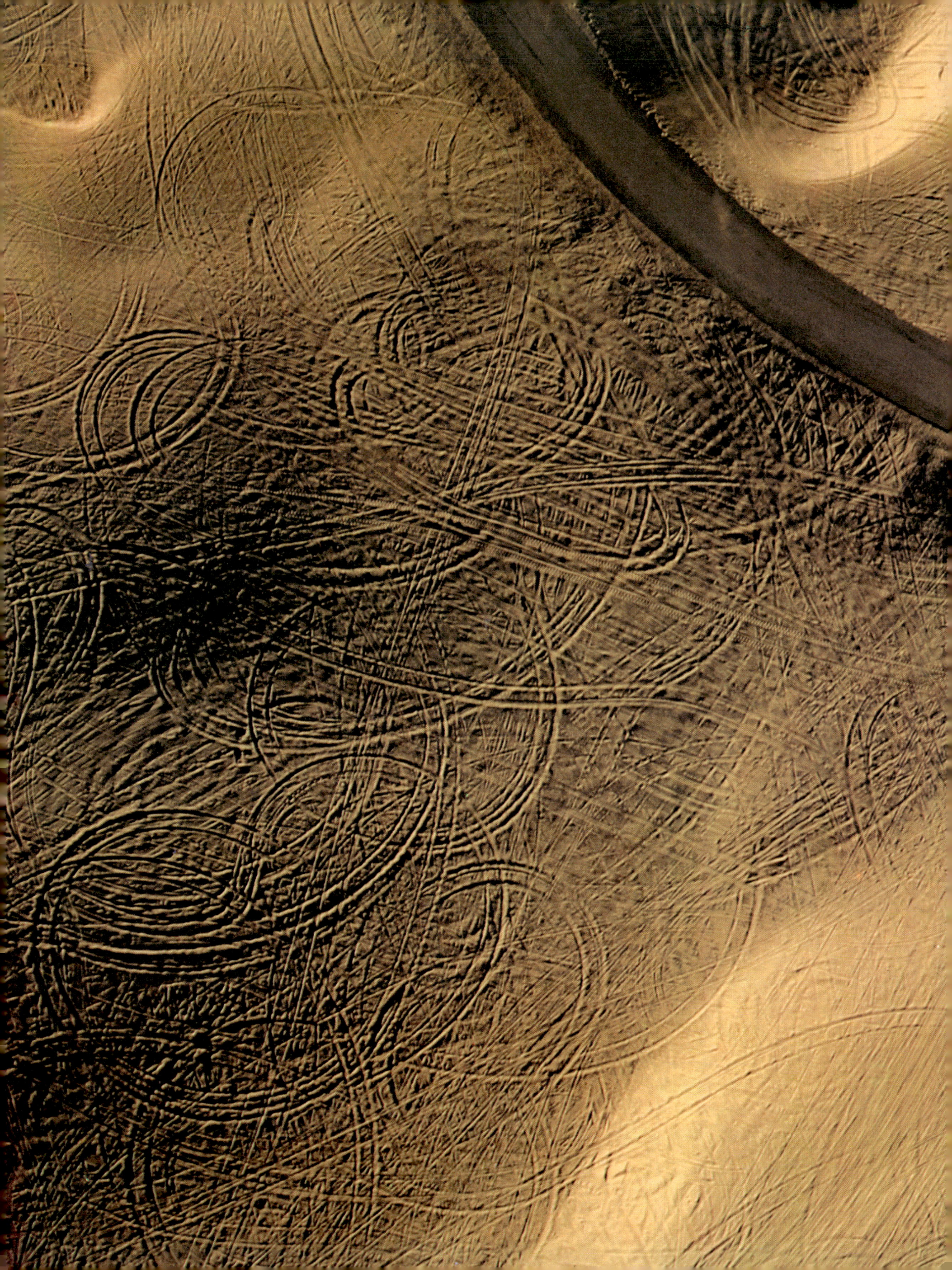

Flug über die Afarsenke

Landwärts riegeln das Afar-Dreieck der Steilabsturz des äthiopischen Hochplateaus und der Stufenabfall der Somalitafel ab, meerwärts begrenzen es das Rote Meer und der Golf von Aden. Eine Vollwüste, dreimal so groß wie die Schweiz, gehört es politisch größtenteils zu Äthiopien, nur in der Südostecke überlappt es mit dem Hoheitsgebiet von Französisch-Somaliland und der Republik Somalia. Die paar tausend Nomaden – Angehörige der Danakil-Stämme –, die es durchwandern, sind kaum als Bevölkerung anzusprechen; die Dürrekatastrophe der letzten Jahre hat sie zudem dezimiert und an die klimatisch etwas günstigeren Ränder ihres Lebensraumes vertrieben. *Afar*, «Freie», nennen sich die Danakil selber – daher der jüngst für das Landdreieck aufgekommene Name.

Für den geowissenschaftlich unbelasteten Reisenden ist die Afar-Wüste ein Inferno auf Erden, namentlich im Norden, wo sie unter das Niveau des Meeresspiegels sinkt. Dort ist der Wärmepol des Planeten: im Sommer kriecht die Quecksilbersäule im Schatten der Marke von 60 °C entgegen. Bleichende Skelette weisen den Weg durch die Weite ohne Trost und Horizont, Salz knirscht unter den Füßen, salziger Schweiß beizt die Augen. Dann: Dünenmeere, Lavaschutt und Aschenfelder. Geiser, die periodisch Dampf und Wasser speien. Fumarolen und Solfataren. Schwefelgestank. Ein Stück Hölle – und oft farbig wie die Sünde. In Dalol wachsen aus grüner Nährlösung gelbe Salzblumen; chlorsaures Kali und chlorsaures Eisen erblühen zu einer unirdischen Welt. Alles in allem ein Nonplusultra der Unwirtlichkeit. Aber nicht diese allein hat für lange Zeit die wissenschaftliche Erforschung aufgehalten. Die Sitte verlangt von den jungen Danakil-Männern, ihre Bräute mit den Genitalien erschlagener Feinde zu schmücken. Was die bloße Sorge um Leib und Leben nicht zustande gebracht hätte, leistete die Kastrationsangst: Geologen und Geographen ließen die Afar-Wüste gerne links liegen. Wenn sie nun aber seit acht Jahren, vor keiner
21 Gefahr mehr bleich, in Scharen in dieses afrikanische Todestal pilgern,

hat das seinen besonderen Grund: das Afar-Dreieck könnte sehr wohl der Rosetta-Stein einer neuen erdwissenschaftlichen Disziplin, der Plattentektonik sein. (Der Zufall will es, daß seit kurzem auch die Paläoanthropologen in der Afar-Wüste ihr Mekka sehen: «Lucy» – ein Urmenschenfund, wie es bisher keinen gab: ein zu vierzig Prozent erhaltenes Skelett bei einem Alter von drei Millionen Jahren – macht die Afar nun zudem noch zu einer «Wiege der Menschheit»...)

Die Plattentektonik rehabilitiert Alfred Wegener und seine Hypothese vom Wandern der Kontinente. Freilich: in dieser neuen wissenschaftlichen Disney-Vorstellung von den ständigen Veränderungen im Antlitz der Erde pflügen die Kontinente nicht mehr durch die Erdkruste. Vielmehr reisen sie als blinde Passagiere auf mächtigen Platten, die werden und vergehen. Die Plattentektonik identifiziert sechs Großschollen von planetarischem Ausmaß und, je nach Forscher, Hunderte von kleineren. Vorgänge im Erdinnern halten diese Platten in Bewegung. In den Scheitelgräben untermeerischer Gebirge («Rücken») quillt aus dem Erdinnern Magma auf; es bildet neue ozeanische Kruste und treibt die Platten auseinander. Wo Platten kollidieren (im Bereich der Tiefseerinnen), wird die schwerere zum Abtauchen gezwungen und sinkt zurück in das flüssige Gestein des Erdmantels.

In der Afar-Wüste ist ein solches ozeanisches Gebirge, dessen Magmaquellen den Platten neues Material ansetzen, nach tektonischen Hebungsvorgängen «an Land gegangen». Man kann hier trockenen Fußes studieren, was sonst von Forschungsschiffen aus ertaucht und erbohrt werden muß. Island ist für die Geowissenschaftler ein ähnlicher Glücksfall. Aber im Unterschied zu Island treffen im Afar-Dreieck gleich mehrere Nahtzonen der Erdkruste zusammen.

Die Anfälligkeit für Erdbeben und der intensive Vulkanismus zeugen für die tektonische Lebendigkeit dieses Gebiets. In seinem Untergrund ist genug Erdwärme, um damit den Strombedarf ganz Afrikas zu decken. Der rote Schein des Erta Ale leuchtet weithin am Nachthimmel der nördlichen Afar-Wüste. Der «Rauchende Berg» (so sein Name in der Sprache der Danakil) und der Nyiragongo (Kirunga) in

Zaïre sind zurzeit die einzigen Vulkane der Erde mit einem ständigen Lavasee. Völlig einzigartig ist der Erta Ale als dauernd eruptionsaktiver Vulkan im Scheitelgraben eines (trocken gefallenen) Meeresrückens. Eine Luftaufnahme, die ich 1965 vom Erta Ale gemacht hatte (das erste bekannte Flugbild dieses Vulkans), half später Vulkanologen das Ausmaß seiner Wandlungen richtig einschätzen: in wenigen Jahren stieg die Lava in den zwei Kratern um hundertvierzig Meter und floß über.

In der Afar-Wüste stoßen drei Grabensysteme sternförmig zusammen: der Rotmeertrog, der Ausläufer des Carlsbergrückens im Golf von Aden und der Ostafrikanische Grabenbruch. Britische, amerikanische und äthiopische Geologen, namentlich aber Großaufgebote französisch-italienischer und deutscher Erdwissenschaftler kümmern sich um diesen «Grabenstern». Der belgische Vulkanologe Haroun Tazieff, Wortführer einer französisch-italienischen Gruppe, hält allerdings den Rotmeertrog und die Fortsetzung des Carlsbergrückens im Golf von Aden für zwei Abschnitte ein und desselben Grabensystems, das an Land, eben in der Afar, umbiegt. Er stützt seine Ansicht hauptsächlich auf oberflächengeologische Argumente. Seine Kollegen, die für zwei unabhängige Grabensysteme plädieren, begründen ihren Widerspruch mit geophysikalischen, hauptsächlich sprengseismischen Messungen. Sicher ist, daß die Danakilsenke im Norden des Afar-Dreiecks ein durch Hebungsvorgänge abgeschnürter Arm des Roten Meers ist. Hier liegen Salze kilometertief – und die Pottaschevorräte in dieser Eindunstungspfanne werden auf viele hundert Millionen Tonnen geschätzt. Auf dem Lavaboden des vor einigen Jahrzehntausenden ausgetrockneten Meeresteils pflückt man noch heute Korallen. In dem Dreiecksverhältnis der drei Grabensysteme sind noch viele Einzelheiten ungeklärt. Schon Wegener hat gesehen, daß die Südwestecke Arabiens und der gegenüberliegende afrikanische Küstenabschnitt zueinander passen wie zwei Stücke eines Puzzle – falls man sich das Afar-Dreieck wegdenkt. Es wissenschaftlich «wegzuzaubern» fällt auch heute noch nicht ganz leicht: Teile der Wüste liegen erheblich über Meeresniveau; außerdem erweisen sich einzelne Horste aus kontinen-

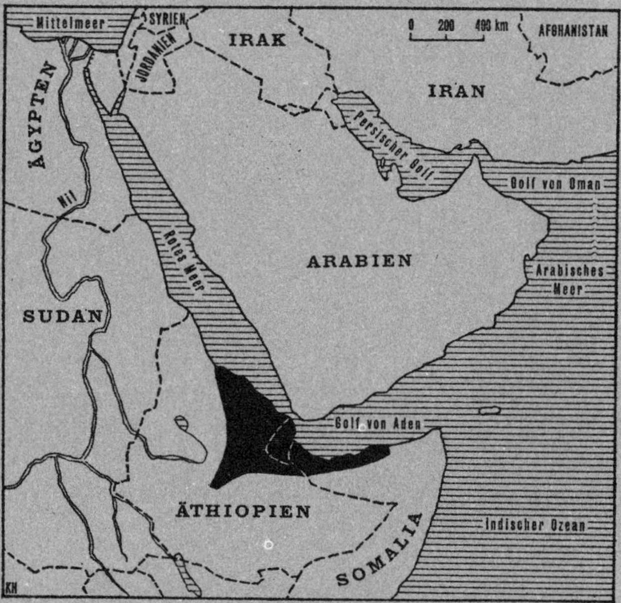

Das Afar-Dreieck (schwarze Fläche) am Horn von Afrika.

taler Kruste als eigentliche «Stolpersteine». Das Afar-Dreieck wird in Jahrmillionen ein neues Meer werden (Tazieff nennt es vorwegnehmend die «Erythräische See»), genau wie das Auseinanderreißen der Erdkruste zwischen Afrika und Arabien das Rote Meer schuf. Aber über den Grad seiner derzeitigen «Ozeanisierung» gingen im Frühjahr 1974 bei einem internationalen Afar-Symposium im pfälzischen Bad Bergzabern die Ansichten weit auseinander. Tazieff und seine Gruppe hörten und sahen gewissermaßen das Magma in allen Klüften und Spalten aufsteigen und dem künftigen Ozean basaltisch den Weg bereiten. Die deutschen Geophysiker waren zurückhaltender. Ihre Meßdaten deuten auf eine zwar verdünnte, aber noch immer intakte kontinentale Kruste hin.

Der ungelösten Rätsel sind viele. Von einem Flug über die Afarsenke brachte ich 1971 die Aufnahme eines wirbelförmigen Labyrinths von Salzblöcken zurück. Später spürte ich, wiederum aus der Luft, zwei weitere, von der Erosion allerdings stark zernagte Labyrinthe der gleichen Art auf. Die Geologen, die in der Nähe des Salzsees jahrelang gearbeitet hatten, waren zu meiner und ihrer Überraschung nie auf die mysteriösen Strukturen gestoßen. Über deren Bedeutung sind sie vorläufig uneins, oder ganz einfach ratlos.

22
Die beiden Krater in der Caldera des Vulkans Erta Ale in der Afarsenke. Der Durchmesser des größeren Kraters beträgt dreihundert Meter, der des kleineren siebzig Meter. Der Erta Ale ist, technisch gesprochen, ein in Bildung begriffener basaltischer Schildvulkan. Das Bild entstand 1965, als die Lavafüllung Ebbe hatte. Im größeren Krater steht sie etwa hundertvierzig Meter unter dem Kraterrand; Dampf- und Rauchentwicklung verbirgt den Lavasee in dem kleineren Krater.

23
Erta Ale, Frühjahr 1974: der große Krater hat sich gefüllt und zu einem Magma-See von fünfzig Meter Durchmesser verengt. Die feuerflüssige Lava bildet an der Luft eine dünne Haut. Wo diese zerreißt, glutet und gluckst die Hölle.

24
Kegel eines untätigen Vulkans in der Erta Ale-Kette. Er bildete sich, als dieser Teil der Afar noch ein Arm des Roten Meers war; als er trocken fiel, war er bereits eingeschlafen. In dem Kratersee leben Fische; auch der Vegetationssaum deutet an, daß ihn nicht einmal die Brandblasen treibende Sommersonne je ganz austrocknen kann. Eine Naturzisterne, die die Niederschläge sammelt? Kaum. Regenfälle sind hier unergiebig und sporadisch. Man muß eine Verbindung zu Grundwasserreserven annehmen, unterirdische Zufuhr allein kann über lange Zeit die Verdunstungsverluste ausgleichen. Prospektoren tauften die Struktur «Das Colosseum». Später erhielt sie den offizielleren Namen «Mount Asmara».

25
Ein merkwürdiger Ring aus vielfarbigem Steinsalz und Basaltstücken. Die Geologen halten ihn für einen von Fels ummantelten Salzpfropfen, der aus der Tiefe aufstieg und die Oberfläche durchbrach. Die Abtragung durch Niederschläge und Überschwemmungen gab ihm das jetzige Aussehen. Die Afar schreiben dem Salz des Pfropfens besondere Heilwirkung zu.

26
Sozusagen ein totgeborener Vulkan: ein Magma-Einschub aus der Tiefe, der aber nicht bis an die Oberfläche durchstieß, warf in den überlagernden Salzschichten ein wirbelförmiges Labyrinth von Salzblöcken auf. Das auffällige Rechteck in seiner Mitte könnte der Rest eines Abschlußblocks sein. Die Erosion veränderte das Labyrinth zu dem jetzigen Aussehen: leichter lösliche Salze wurden weggespült und füllten die Zwischenräume zwischen den Blöcken bis zu dem Niveau der umliegenden, sechseckig krakelierten Salzebene auf. Der «Wirbel» hat einen Durchmesser von hundertfünfzig bis zweihundert Metern. Bei dem hier wiedergegebenen Deutungsversuch verwerte ich Angaben des Geologen Derek T. Harris. Dieser hatte zu dem Team von Geologen gehört, die die auf viele hundert Millionen Tonnen geschätzten Pottaschevorräte der Afarsenke untersuchten. Er hatte das Wirbel-Labyrinth, nur zehn Kilometer vom Basislager der Prospektoren auf dem Dalol-Hügel, selber nie gesehen, brachte mein Luftbild aber in Zusammenhang mit mehreren extrem großen magnetischen Anomalien ähnlich kreisförmiger Ausbildung, die auf der magnetischen Karte der Gegend erscheinen. Die Anomalien weisen auf stark eisenhaltige Intrusionskörper, von denen freilich viele keinerlei Oberflächenanzeichen erkennen lassen. Harris plante mit dem Bild eine Fopperei: er wollte das Labyrinth in einer angesehenen wissenschaftlichen Zeitschrift als eine *archäologische* Fundstelle, als Reste aus Menschenhand veröffentlichen. Sein vorzeitiger Tod verhinderte diese Absicht. (Der Schuß wäre möglicherweise bei der geplanten Veröffentlichung hinten herausgegangen: James G. Holwerda, ebenfalls Geologe mit jahrelanger Danakil-Erfahrung und ein Kollege Harris', hält den Wirbel für die Überbleibsel einer Lagerstelle salzbrechender Danakil-Nomaden. Auch Holwerda urteilte nach dem Luftbild. Nur eine Geländebegehung kann die Entscheidung bringen.)

27
Eine bizarre Welt aus reinem Salz: der Dalol-Hügel in Nord-Afar erhebt sich fünfundvierzig Meter über die hundertzwanzig Meter unter dem Meeresspiegel liegende Salzebene. Unterirdisch aufquellendes Magma beulte den mit Geisern bestückten Hügel aus; gelegentliche Regenfälle zerfraßen die Salzstöcke zu Nadeln und Türmen. Kappen aus schwerer löslichem Gips schützen die Salzstiele vor dem Zerlaufen.

28
Tumult der Farben in der Salzwüste: Blick auf die Gipfelwölbung des Dalol-Hügels. Heiße Quellen (etwa 100 °C) lagern Salze ab. Die Farben – auch das Gelb, bei dem man versucht ist, an Schwefelausblühungen zu denken – rühren von der Oxidation geringer Eisenbeimengungen her. Jede Quelle sprudelt rund einen Monat lang; mit dem Versiegen verbleichen allmählich auch die Ablagerungen.

29/30
Quellen am Rande der Senke, wo der Grundwasserhorizont die Oberfläche (mit größerem Gefälle) schneidet. Das Grundwasser wird sowohl von den Regen im äthiopischen Hochland als auch durch unterirdische Wasseraustritte an Bruchzonen gespeist. Deren Mitbeteiligung gibt sich durch die Temperatur zu erkennen: das Grundwasser tritt überwarm aus.

31
Die Monsunregen im äthiopischen Hochland und (überaus spärliche) örtliche Niederschläge führen der Afarsenke etwas Wasser zu. Sie zeichnen mit Abflußspuren in den schwarzen «Wüstenlack», eine Mangankruste. Diagonal ein Karawanenpfad, für das erste Hinsehen vermeintlich ein Kratzer: Menschenspur im Geäder der Rinnsale.

32
Eine Salzkarawane auf dem Rückmarsch ins Hochland. Die Ausbeutung der Salzvorkommen «im Handbetrieb» ist seit Jahrhunderten die einzige Erwerbsquelle für die Danakil-Stämme im Norden des Afar-Dreiecks. Die tiefste Stelle der Verdunstungspfanne trocknet nie völlig aus, die Monsunregen über dem Hochland alimentieren sie jährlich neu. Zwanzigtausend Lasttiere – Kamele, Maultiere, Esel – pendeln auf dem uralten Salzpfad hin und her. Die jährliche Förderleistung erreicht etwa 17000 Tonnen Speisesalz.

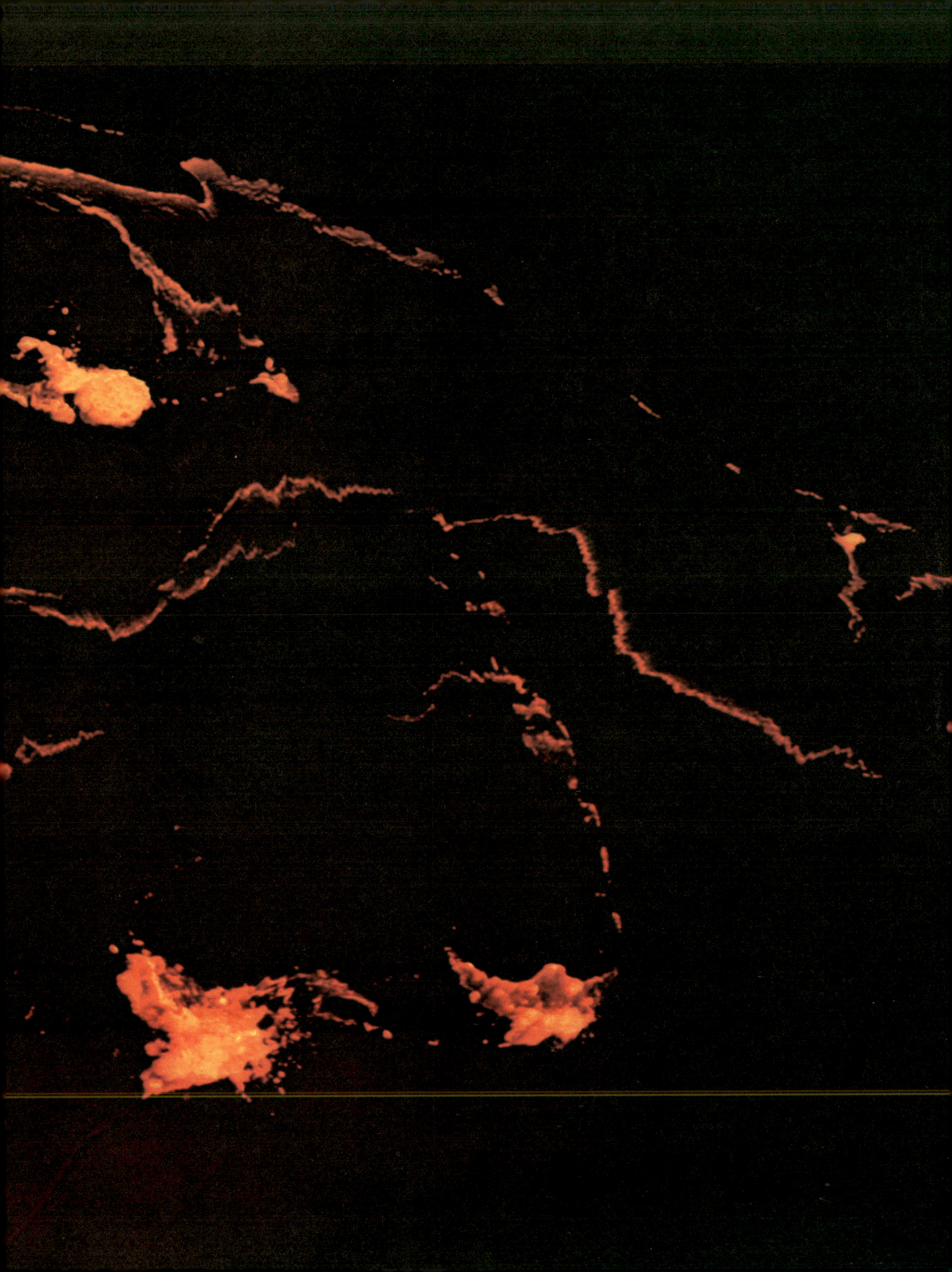

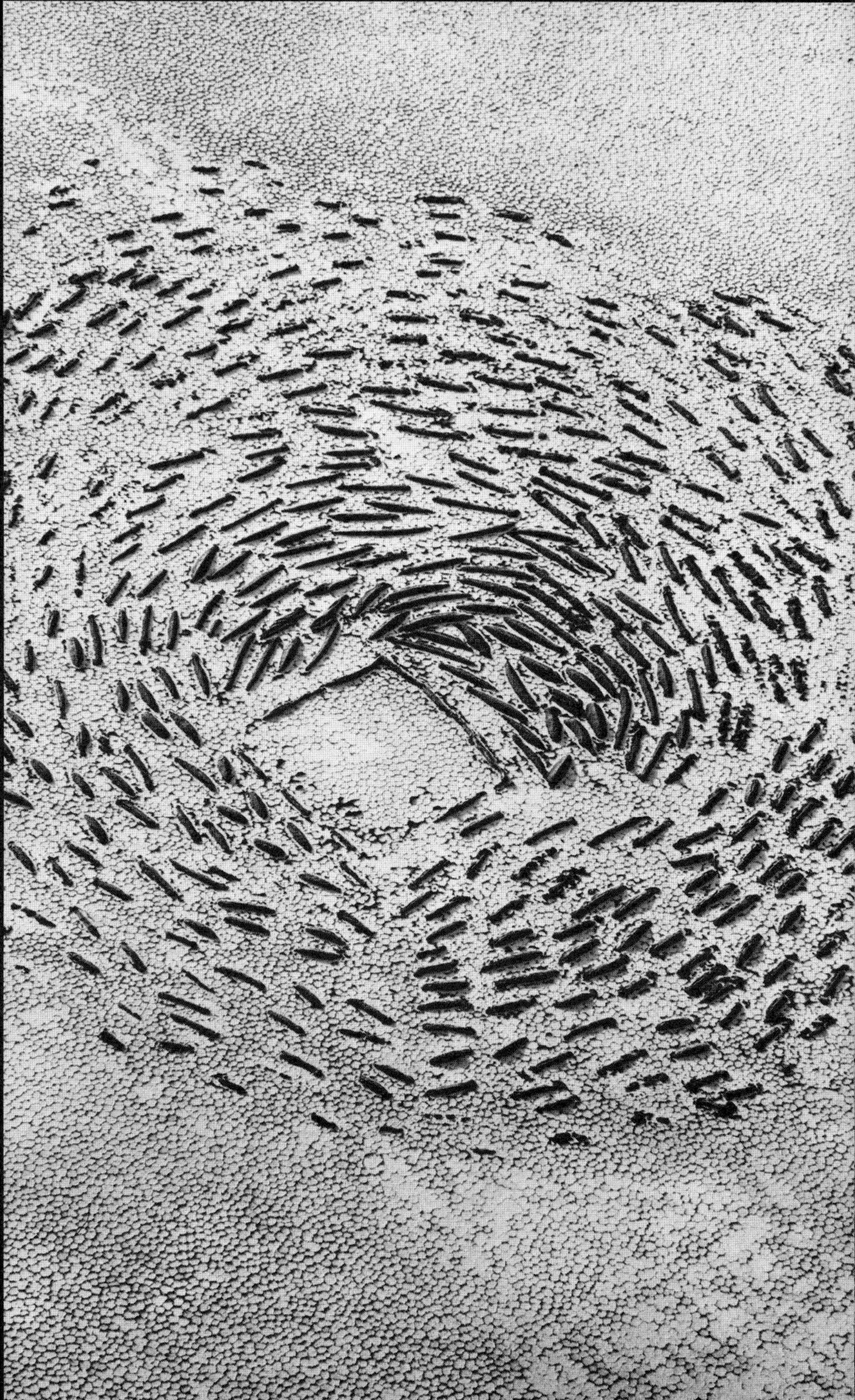

24–26

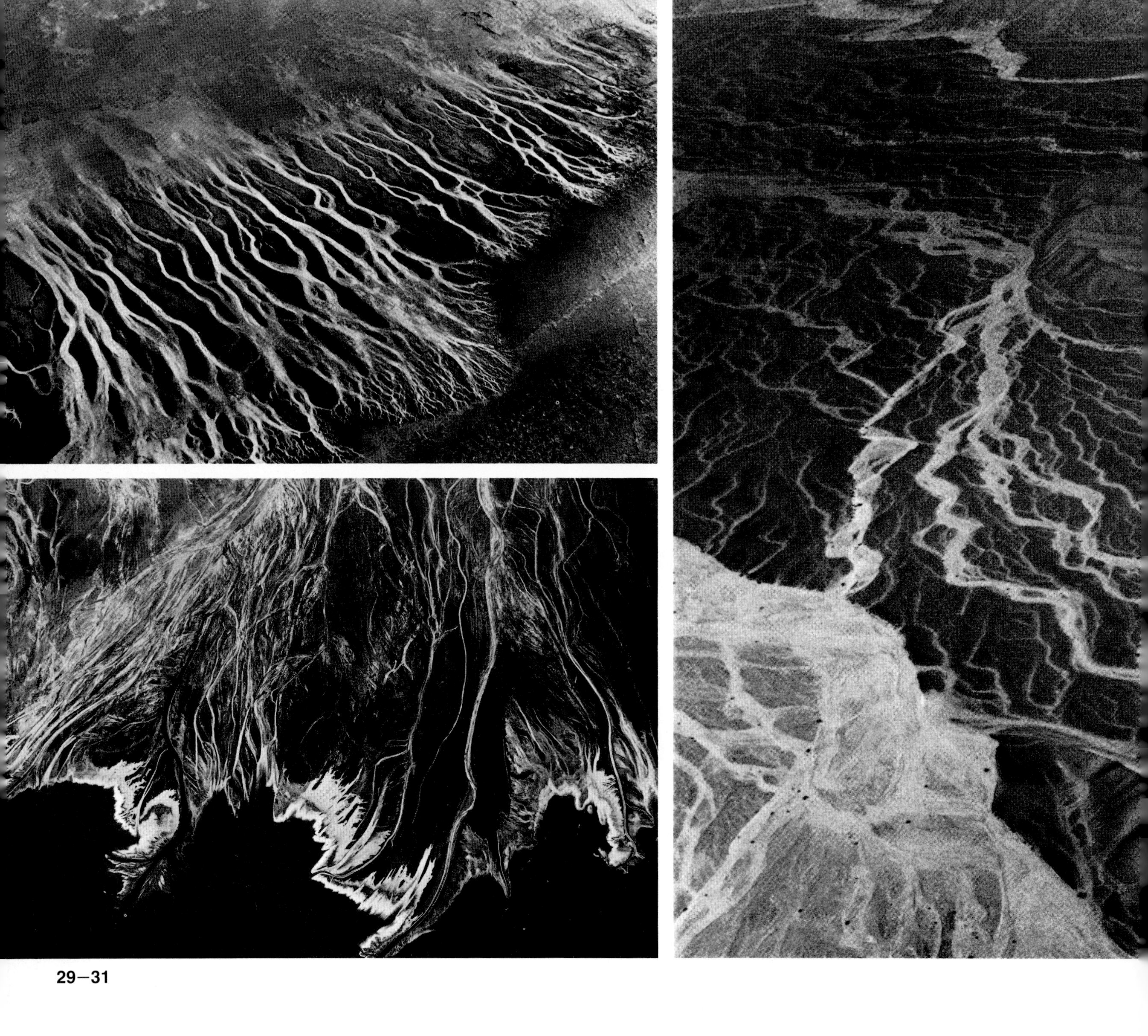

29–31

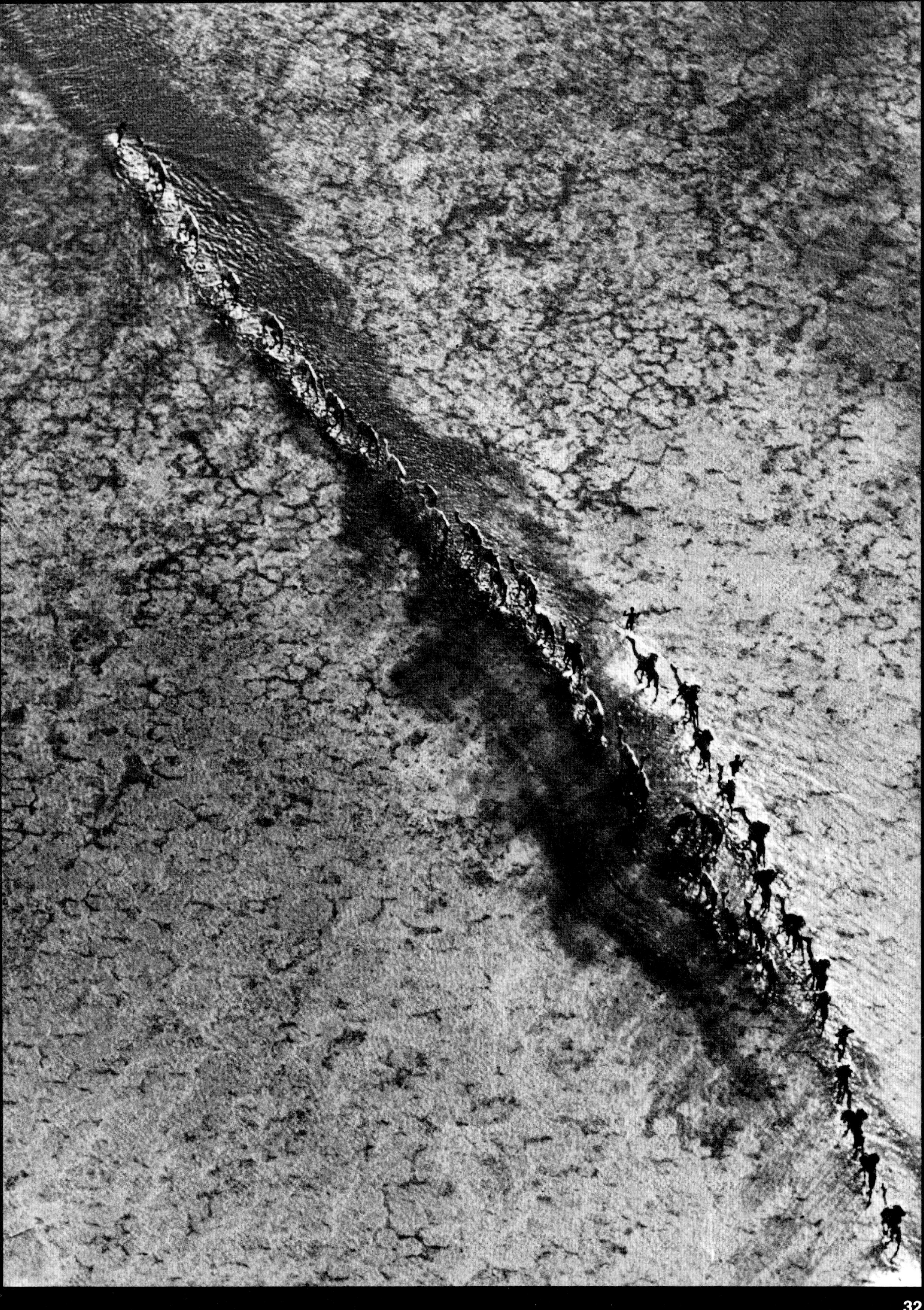

Das Dach über dem Kopf

Auf Luftaufnahmen, die Vegetation mit sogenannten Falschfarbenfilmen abbilden, unterscheiden sich kranke von gesunden Pflanzenbeständen. Das hat sich bis in die Schulzimmer herumgesprochen. Daß auch so etwas wie eine Aus-der-Luft-Diagnose von Siedlungen möglich ist, gehört noch nicht zum Lehrstoff – sehr zum Schaden des wohnenden Menschen. Der Blick von oben beschleunigt Analysen und stiftet Einsichten, mit deren Gewinnung man es sich am Boden schwer tut. Ein halbstündiger Flug über das schweizerische Mittelland (zum Beispiel) – und der wuchernde, metastasierende Häuserkrebs, der unsere Landschaft zerstört, wird überdeutlich. Nicht nur dem Städteplaner, auch dem Bürger müßte man regelmäßig Flüge zur Abschreckung verordnen, wie man einst Kinder zur Keuchhusten-Therapie in die Luft schickte. «L'avion accuse», notierte Le Corbusier im Jahre 1935. «Das Flugzeug ist eine Anklage. Es klagt die Stadt an. Es klagt jene an, die die Stadt kontrollieren.» Der Adlerblick des Fliegers durchschaut die Städte als grausame, unmenschliche Schöpfungen. Er bringt an den Tag, «daß Menschen die Städte für Menschen bauten, nicht zu deren Freude, Zufriedenheit und Glück, sondern um Geld zu verdienen.» Le Corbusiers Vision der Profitopolis nahm Maß an den Großstädten des 19. Jahrhunderts; diesen hielt er beschwörend das neue Bauen der Maschinenzivilisation entgegen. Vierzig Jahre später, *hélas*, beschuldigt das Flugzeug noch immer. Eingeklagt ist nicht mehr so sehr das 19. Jahrhundert, eingeklagt sind nun gerade auch Architektur und Urbanismus der Maschinenwelt, und nicht immer nur dort, wo sie hinter den eigenen Zielvorstellungen zurückbleiben: Anhimmelung der Götzen Funktion und Zweck, Abwertung des Verlangens nach Geborgenheit zum bloßen Recht auf ein wasserundurchlässiges Gehäuse, eklatante Bedürfnisverweigerung... Das Flugzeug klagt an. Es verteidigt auch. Und spricht frei. Erst bei einem Flug über das Tal des M'zab in der algerischen Sahara wurde Le Corbusier die Beispielhaftigkeit der mozabitischen Stadtschöpfungen, die er von Besuchen am Boden her kannte, überwältigend klar – «eine großartige Lektion». Seither haben sich die Beispiele für einen absichtslosen Urbanismus, eine Planung ohne Planer, für jede Form von anonymer, spontaner Architektur vertausendfacht – undenkbar ohne Vogelschau.

33

Ein Meisterwerk mittelalterlicher Stadtbaukunst: die Altstadt von Bern. Sie vertritt in unübertroffener Reinheit und Reife das urbanistische Muster einer axialen Stadtanlage mit Gassenmarkt. Parallel geführte Längsgassen flankieren im Falle Berns den mittleren, verbreiterten Gassenzug, der als Markt diente – Kram- und Gerechtigkeitsgasse, einer der erstaunlichsten und komfortabelsten Straßenräume überhaupt. Die Häuser sind traufständig; ihre Giebel rücken zu Zeilen zusammen. Den Hausuntergeschoßen sind die berühmten Lauben vorgelagert: Stadtbürger erhielten das Recht, Arkaden vor ihren Häusern zu errichten und die Hausfassade über diese vorzuziehen; der Laubenboden aber blieb öffentliches Eigentum. Bern gehört zu einer ganzen Stadtfamilie, die die Dynastie der Zähringer rechts und links des Rheins gründete. Der Stadtforscher Paul Hofer, ihr bester Kenner, lobt sie als die «geschlossenste und konsequenteste Schöpfung des Städtebaus mindestens im 12. Jahrhundert».

34

Die Oasenstadt El Oued, Hauptort des Souf, in der algerischen Sahara. Ein Schaustück der «Architektur ohne Architekt» – Traum jedes Städteplaners... Gewölbe und Kuppeln über allen Wohn- und Wirtschaftsräumen, weisen Flugsand ab, der sich schalldämpfend auf die Straßen legt. Einheit der Stadt ist das Hofhaus; sie wächst nach dem Baukastenprinzip ohne Landverschleiß. Als wichtigster Markt und Verwaltungshauptort des Souf hat El Oued 50000 Einwohner. Ein heimlich unter dem Sand fließender Strom prägt im Souf die Form des Dattelanbaus (Bilder 109/110). Aber auch die architektonische Originalität dieser Landschaft hat mit ihm zu tun. Kapillar aufsteigendes Wasser verdunstet, noch ehe es ganz an die Oberfläche gelangt, und scheidet dabei die in ihm gelösten Salze aus. So bilden sich in einer Zone Bänke aus fast reinem Gips. Gebrannt liefert er Mörtel und in Modeln gefertigte Werksteine. In einer andern Zone verkrustet sich der Gips mit Quarzsand zu Sandrosen und schließlich zu «Lus» – die örtliche Bezeichnung für einen harten, dauerhaften Baustein, der mit dem Mörtel aus gebranntem Gips hervorragend abbindet. Daher die für die Sahara ungewöhnliche Steinbauweise der Souf-Häuser. Der sonst verbaute Lehm ist im Souf ungreifbar. Und Bauholz ist hier womöglich noch seltener als anderswo in der Wüste. Daher der Gewölbebau: die einfachste Art der Bedachung ohne Verwendung kostspieliger Balken. Bauhandwerker errichten die Halbzylinder und Halbkugeln freihändig, Schalung und Schablone verachtend. Wenn gewöhnlich in diesem Teil der Welt das Gewölbe ein Vorrecht religiöser Bauten und der Paläste ist – im Souf wohnt der Unheiligste und Ärmste wie Marabut oder Pascha. Nur der habliche Mann kann sich ein zweigeschossiges Terrassenhaus mit dem Allerwelts-Flachdach leisten.

35

Das Dorf Labbézanga auf einer Insel im Niger, Mali. Perlenschnüren gleich schlingen sich die Speicher für Hirse und Reis (Bild 108) durch die Dorflandschaft. Die amphorenförmigen Speicher aus Lehm, manche hüttenhoch, werden durch eine obenseitige Öffnung gefüllt und geleert; Steinplatten und Steinsplitter, die wie Stacheln aus dem Speicherleib herausragen, erleichtern das Erklettern. Die Dörfler, Angehörige des Songhai-Volkes, bewohnen in der Mehrzahl noch das hier traditionelle Rundhaus aus Lehm mit einem halbkugeligen Strohdach. (Zur andern überlieferten Hausform der Songhai: Bild 53) Freilich ist auch in Labbézanga das Kastenhaus aus der Formenwelt islamisch-arabischer Architektur im Vormarsch: sein Besitz erhöht das gesellschaftlichen Ansehen. Als Grenzdorf zwischen Mali und der Republik Niger hätte Labbézanga vor einigen Jahren auf Befehl der Regierung in Bamako ans Ufer umziehen sollen – aus keinem triftigeren Grund als dem beamtlicher Bequemlichkeit. Auf der Insel sind die Reste einer Fluchtburg des einst mächtigen Songhai-Reichs zu sehen. Die Dörfler, eingedenk des Widerstandswillens ihrer Vorfahren, weigerten sich, dem Befehl aus Bamako zu gehorchen, und die Regierung machte ihre Drohung, Gewalt anzuwenden, nicht wahr – für beides sei Allah gepriesen. Ich kenne in Schwarzafrika kein schöneres Dorf.

36

Ein verteidigungsfähiger Hof südlich von Bagdad, Irak. Örtlich heißen solche Kleinfestungen, die gelegentlich als Fluchtburgen für ganze Siedlungen gedacht sind und meist dem Scheich gehören, *qalaa*. Das Mauergeviert ist an zwei Ecken bastioniert, um einen Angreifer auch flankierend bekämpfen zu können.

37

Die Burg Kreuzenstein bei Korneuburg, Österreich. Eine Burg Kreuzenstein gab es schon im 12. Jahrhundert. Diese Anlage zerstörten die Schweden im Dreißigjährigen Krieg. Um die letzte Jahrhundertwende erstand sie neu als Paradebeispiel einer romanisch-gotischen Burg, unter Verwendung von originalen mittelalterlichen Bauteilen aus ganz Europa.

38

Umwalltes Gehöft der Kirdi bei Rumsiki in den Mandara-Bergen, Kamerun. Hütten und Speicher drängen sich Schutz suchend innerhalb einer Bruchsteinmauer zusammen. Derartige Gehöftburgen – Sarés – liegen wie Igel in einer Landschaft bäuerlicher Mühsal (Bild 105), Synonyme für die Angst, die die Kirdi in die halbwegs sicheren Berge vertrieb. Angst und Namen (Kirdi bedeutet soviel wie «glaubenloses Volk») verdanken sie als Animisten muselmanischen Nachbarn, die ihnen die fruchtbaren Ebenen wegnahmen.

39

Chinesisches Gehöft im Hinterland der Halbinsel Kaulun, Kronkolonie Hong Kong. In solchen Großgehöften leben ganze Sippen auf engstem Raum beisammen. Der Grundriß des Gehöfts ist klassisch: vergleichbare Architektur erscheint schon auf Darstellungen aus der Han-Zeit (206 v. Chr.–220 n. Chr.). Der Wehrcharakter der Anlage soll heute allerdings nur noch böse Geister und Dämonen abschrecken.

40

Dorf am Kainji-See, einer Stauhaltung des Nigers in Nigeria. Hirse wird gestampft, Frühstück gekocht – ein neuer Tag ist angebrochen. Das Bild verrät etwas von dem delikaten Gleichgewicht zwischen «öffentlich» und «privat», einem Grundzug afrikanischen Wohnens. Knüppel- und Mattenzäune sind keine Wehr gegen Waffen; sie sperren, mehr ideell als materiell, die «Natur» aus, sichern den Raum der Menschen gegen wilde Tiere und das böse Auge Fremder. Jetzt ertönt in Afrika laut der Ruf nach «Authentizität». Keine Rückbesinnung auf die eigenen afrikanischen Grundlagen kann vollständig sein ohne die Bejahung der einheimischen Wohn- und Siedlungsformen; ungeachtet wenig beständiger Baumaterialien bewahren sie eine Fülle dauerhafter Einsichten in das menschliche Zusammenleben.

41

Saint-Malo in der Bretagne, Frankreich. Die Bretonen, sagt ein Sprichwort, kommen mit Meerwasser ums Herz zur Welt. Wenn irgendwo, dann gilt das in Saint-Malo; die Malouins haben nicht umsonst Entdeckungs- und Seefahrtgeschichte gemacht. Es war einer der ihren, Jacques Cartier, der zum Sankt-Lorenz-Strom vorstieß und die Gebiete, die er für Frankreich in Besitz nahm, Kanada nannte. Und es waren Malouins, die als Korsaren – amtlich bewilligte, mit einem Kaperbrief des Königs versehene Freibeuter – den Engländern, Spaniern und Holländern auf hoher See das Spiel verdarben. Ein Gebiet kleiner als die Tuilerien brachte viele große Männer hervor: sein berühmtester Bürger, Chateaubriand, zeigte sich darüber mehr befriedigt als erstaunt. Die Malouins sind ein stolzer, selbstbewußter Schlag, und ihre Inselstadt ist ein architektonisches Kleinod, an dem sie sechs Jahrhunderte bauten – seit dem Jahre 1144, in dem es Bischofssitz wurde. Rekonstruktionen, Geist und Gesicht der Geschichte treu, haben die ausgedehnten Zerstörungen getilgt, die der Zweite Weltkrieg in der hart umkämpften Stadt zurückließ.

42

Ein Vorort von Seattle, US-Staat Washington – Inbegriff der amerikanischen Suburbia. Die gepflegte Schlafstadt, ein Denkmal für die gute (gleich viel verdienende) Nachbarschaft, anfällig für die Seuche des Statusdenkens und den Keim des Rassismus... Unter allen Argumenten für den Vorort ist der Privatwagen das gefährlichste. Die vier eigenen Räder potenzieren die Fliehkräfte, unter deren Wirkung die Kerne der amerikanischen Städte ausbluten und veröden.

43

Downtown Los Angeles. Die autogerechte kalifornische Megalopole ist sozusagen der Inbegriff der Un-Stadt: ein Schwarm Parkplätze auf der Suche nach einer City. Im Hintergrund der Abschnitt des Santa Monica Freeway mit der höchsten Verkehrsdichte: täglich 175000 Wagen auf acht Spuren. Mehr Stadtautobahnen auf Bild 70.

44

Wohninseln und Tonnenhäuser der Madan in der Sumpfwildnis am Unterlauf des Euphrat und Tigris, Irak. Wo die Zwillingsströme zusammenfließen, liegt die Schilf- und Wasserwüste des Hor, ein Rückzugsgebiet für Stammessplitter seit alters, mit zum Teil vorarabischem Kulturgut und Brauchtum. Als einziges Verkehrsmittel stehen den Sumpfbewohnern die Meschhufs, Schnabelboote mit geringem Freibord, zur Verfügung, die sie virtuos durch die Schilfdickichte staken. Sie leben von ihren Büffelherden und dem Verkauf von Schilfmatten. Ihre halbzylindrischen Wohnröhren bestehen ganz aus Schilf. Und mit einer Unterlage aus Schilfstengeln und anderem Rohr beginnt auch der Bau der Wohninseln, die im Laufe der Jahre mit dem Dung der Wasserbüffel und dem Hausmüll mehrere Meter über den winterlichen Niedrigwasserspiegel emporwachsen. Wasserbauliche Eingriffe am Oberlauf der Ströme, namentlich der im Interesse der Bewässerungslandwirtschaft angestrebte Ausgleich zwischen Hoch- und Niedrigwasser, gefährden heute die jahrtausendealte Lebensform der Madan.

45

Pfahlbau-Siedlung im Nokwe-See, Dahomey. Der Nokwe-See – auch Ganvié-See genannt, nach dem größten Pfahlbaudorf – ist die Lagune hinter der sandigen Nehrung, auf die Cotonou, die Hauptstadt des Landes, gebaut ist. Auf dem See leben 50000 Menschen vom Fischfang. Gefischt wird mit Netz und Harpune; dazu legen die Bewohner durch Ausstecken von Zweigen, zwischen denen die Fische ablaichen, eigentliche Fischfarmen an. Fischfang ist ausschließlich Männersache. Die Männer verkaufen die Beute an ihre Frauen, die sie, meist geräuchert, auf den Markt bringen. Die Pfahlbausiedlungen sind kaum älter als das Jahrhundert. Die vordem süße Lagune salzte nach dem Durchstich der Nehrung im Jahre 1895 aus, die wachsende Salinität machte Bewässerungslandwirtschaft an ihrem Ufer unmöglich. Damals mauserten sich die Bauern zu Fischern und zogen hinaus auf den See.

46

In Kayar, Senegal, dreht sich während sieben Monaten alles um Boote und Fische; die übrige Zeit ist das Dorf an der Wasserkante unbewohnt. Im Dezember schwillt es zur größten Fischersiedlung an der westafrikanischen Atlantikküste an, nach dem Ende der Fangsaison im Juni stirbt es wieder aus. Jenseits der Barriere aus Brandung und Gischt locken ergiebige Fanggründe. Die Fertigkeit, in den Pirogen auf den Wellen zu reiten, wird den westafrikanischen Fischern angeboren und anerzogen. Trotzdem verfolgen Frauen und Kinder, die am Strand die Männer und ihre Beute erwarten, jeden Abend mit erneuter Beklommenheit das Schauspiel, wenn Gatten, Väter und Söhne die gefährliche Mauer durchbrechen.

47/48

Zulu-Siedlung im «Tal der Tausend Hügel» bei Durban, Südafrika, und Niloten-Gehöfte am Sobat, einem Nebenfluß des Blauen Nils, Sudan. Die Rundhütte mit Kegeldach ist in Schwarzafrika das typische Haus des Bauern; der Hirte schläft gewöhnlich in bienenkorbähnlichen oder halbkugeligen Hütten ohne Wandzylinder. Nun sind ursprünglich die Niloten-Völker reine Viehzüchter und die Zulus stark von solchen beeinflußt. Doch verrät beider Wohnform die wachsende Bedeutung, die der Feldbau für sie hat.

49

Der Edmundshof auf der Parndorfer Heide, Österreich. Der Gutshof gehört der Zisterzienserabtei Heiligenkreuz. Die Parndorfer Heide, eine eiszeitliche Schotterplatte im österreichischen Burgenland, ist windgeplagt und wasserarm. Beim Ausbau vor siebzig Jahren erhielt der Hof darum einen Doppelring aus Windschutzpflanzungen und die Streuform: Wohnungen, Stallungen und die andern Wirtschaftsgebäude liegen so weit von einander ab, daß bei einer Feuersbrunst nicht der ganze Hof in Flammen aufgeht.

50

Stadtteil von Nagasaki auf Kiuschu, Japan. In der Zeit, als sich Japan von der Außenwelt abkehrte (zwischen 1639 und 1859), spielte Nagasaki eine nationale Rolle: als einziger Hafen Japans durfte es von holländischen und chinesischen Schiffen angelaufen werden, es wurde zeitweilig zum Umschlagplatz für westliche Waren und westliche Wissenschaft. Eines von deren übelsten Erzeugnissen, getauft «Fat Boy» (Dicker Junge), sorgte später dafür, daß es in Nagasaki heute nur noch Neustadt gibt: am 9. August 1945, zwei Minuten nach elf Uhr, löschte ein Atomblitz das Leben von 150000 Menschen und ihrer Stadt. In Nagasaki konzentriert sich Schwerindustrie; es exportiert namentlich Schiffe (Bild 87). Die Vorliebe für Dächer mit farbigen, vorwiegend blauen Ziegeln verbreitet sich seit dem Zweiten Weltkrieg in ganz Japan.

51

Teile der Konso-Siedlung Buso in der Provinz Gamugofa, Äthiopien. Die Konso gehören zu den interessantesten Völkertrümmern in Südäthiopien. Sie bewohnen drei Dutzend Dauersiedlungen; deren Kompaktheit ist ungetrübte Augenlust für den Urbanisten und ein Alptraum für den Epidemiologen. Die Wohndichte von Konso-Ortschaften, Städten mehr als Dörfern, wird in Äthiopien (und wohl auch im übrigen Afrika) nicht mehr erreicht. Die modulare Einheit ist das Einzelgehöft mit Wohn-, Schlaf- und Kochhütte, Speicher und Stall. Die Einzelgehöfte treten auf der Grundlage von Sippe und Klan, Organisationen der Nachbarschaftshilfe und Ritualverbänden zu Quartieren zusammen. Jedes Quartier hat mindestens eine «Mora»: Festplatz mit Männerhaus, in dem die verheirateten und unverheirateten Männer gemeinsam übernachten – um durch sexuelle Abstinenz Energie für Krieg und Jagd zu sparen.

52

Ölpalmenpflanzung in Nordsumatra, Indonesien – die Siedlung der Plantagenarbeiter ein leuchtendes Karree. Der Keim zu einer Company Town, gehört sie zu den verordneten Siedlungsformen, in denen sich Eigennutz und Wohlwollen – hier der Plantagengesellschaft – verfilzen. Im Vorder- und Mittelgrund des Bilds Jungpflanzungen: man läßt die Palmen, die im dritten Jahr zu tragen anfangen, aus erntetechnischen Gründen nur etwa 15 Meter hoch (25 Jahre alt) werden. Ein Fünfundzwanzigstel des Areals muß daher alljährlich erneuert werden. Auf Nordsumatra sind zur Zeit rund 180000 Hektar mit Ölpalmen bestanden – das Hektar zu 143 Bäumen. Eine Palme liefert je Jahr hundert Kilo Früchte. Von jedem Erntearbeiter erwartet man, daß er in seinem Block pro Tag eine Tonne davon schneidet – etwa fünfzig Fruchtstände mit jeweils Hunderten von stark ölhaltigen, pflaumengroßen Früchten.

53

Dschunken im Hafen von Aberdeen, Kronkolonie Hong Kong. Hunderttausend Menschen wohnen auf 21 000 Hausbooten und Leichtern, die in den Naturhäfen und Taifun-Schutzbekken der Kronkolonie ihren Standplatz haben. Sie werden auf ihrem Boot geboren und sterben auf ihrem Boot, selten setzen sie dazwischen den Fuß auf festes Land. Aberdeen hat den Löwenanteil an Hong Kongs schwimmender Bevölkerung. Zu den großen Festen des chinesischen Kalenders versammeln sich in seinem Hafen an die 13000 Dschunken, Bug zu Bug gestellt ankern in trautem Kreis ganze Familienverbände. Die Dschunkenbewohner leben vom Fischfang, von Kleintransporten im Hafengebiet und entlang der Küste sowie als fliegende Händler. Die Dschunke ist wegen ihres hohen, flachen Hecks und der schlechten Ballastverteilung wenig hochseetüchtig. Dschunken-Enthusiasten wollen das zwar nicht wahrhaben, aber sogar die Hong Konger Touristenbehörde – sonst gewiß dem Malerischen verschworen – schärft den Besuchern die Nachteile des Fahrzeugs aus amtlicher Sorge um ihre Sicherheit ein.

54

Campingstadt bei Kopenhagen, Dänemark: der frustrierte Traum des Großstädters von der freien Natur.

55

Mobile Homes in Long Beach, US-Staat Kalifornien. Links unten angeschnitten der Betonkanal mit dem großsprecherischen Etikett Los Angeles River: das Rinnsal in ihm macht dem Namen nur in Augenblicken jäher Hochwasser Ehre. Dafür, daß er sein bewegliches Haus abstellen darf, bezahlt der Besitzer Monatsmiete – aber nicht nur dafür. Die meisten Mobile Home Estates begnügen sich nicht damit, Parkplatz für transportfähige Wohnhäuser zu sein; sie polieren ihr Angebot mit Gemeinschaftsanlagen auf – Klubhaus, Sauna und Swimmingpool, Freizeitzentrum, Golfplatz und Turnhalle. Mit Extra-Glamour zementieren sie die Mieter an dem einmal gewählten Standort fest: Einer offeriert persönliche Weinkeller, ein anderer setzt im Zubringerdienst zum örtlichen Flugfeld einen Rolls Royce ein. Ihre Rechnung scheint aufzugehen. Jedes Jahr kaufen Amerikaner mehr als eine halbe Million mobiler Wohneinheiten, stolz darauf, die Planwagen-Tradition des Landes fortzusetzen – aber wenn sie für das neue Haus einen Platz gefunden haben, bleiben sie zufrieden auf ihm sitzen. Sie ziehen weniger häufig um als Apartment-Bewohner.

56

Dorf der Songhai bei Timbuktu, Mali. Die Songhai leben, über 500000 Köpfe stark, im großen Nigerbogen. Sie treiben Fischfang, beackern einen schmalen Uferstreifen und ernten den Wasserreis (Bild 108). Wo ihnen ihre Wirtschaftsweise oder das Gelände Beweglichkeit abverlangt, benützen sie ausschließlich ein Mattenhaus, das dem Panzer einer Schildkröte gleicht. Mit ihm folgen sie den Fischzügen oder weichen der Flut auf hochwassersichere Erhebungen aus. Aber auch dort, wo sie voll seßhaft geworden sind, verzichten sie ungern auf die Wohnform aus der halbnomadischen Vergangenheit. Wer es sich leisten kann, mit dem Fortschritt zu sein, schafft sich ein Terrassendachhaus aus Lehm oder wenigstens das dazugehörige Mauerviereck an. Darin stehen aber weiterhin Schildkrötenhütten – als Gästewohnungen oder für heiße Sommernächte. Der Bau des Mattenhauses ist Frauensache. Die Hütte gehört daher auch zum Frauengut: der Mann, der sich von seiner Frau trennt, trennt sich auch von seiner Behausung. Bild 35 zeigt eine zweite Wohnform der Songhai.

57

Brasilia: die Kehrseite. Eine Million Menschen hat der Nucleus der Neustadt angezogen, aber viele der Zuzüger waren nicht vorgesehen; ein Ring von Squatter-Siedlungen – hier *invasões*, «Invasionen», genannt – legte sich um die Stadt, die als architektonisches und urbanistisches Paradepferd aufgezäumt worden war. Dort Glas, Stahl, Beton – hier Blechfetzen, Dachpappe, Kistenbretter, Lumpen. Die Schlachtordnung, in der die Invasions-Behausungen antreten, verhöhnt nachäffend eine Stadtplanung. In Wellblech verpackte Hoffnungslosigkeit? Oscar Niemeyer, der Stararchitekt Brasilias, resignierte angesichts der Buden, Baracken und Verschläge: «Brasilia war am Ende eine Stadt wie die andern, eine Stadt der Reichen und der Armen, ungerecht und diskriminierend.» Längst nicht alle «Invasionen» sind jedoch Slums (und längst nicht alle *bidonvilles, shantytowns, barriadas* und *favelas*) – Stadtsoziologen treffen da heute Unterscheidungen. Slums sind Sackgassen der Verelendung, Fallen der Verzweiflung – einbegriffen die vergleichsweise hochherrschaftlichen Gettos Nordamerikas und die Nobel-Slums Europas. Dagegen sind typische Squatter-Siedlungen trotz unansehnlichen Baumaterialien eher Stätten der Hoffnung, Schauplätze einer Gegen-Kultur, mit einem ermutigenden Veränderungspotential und Aufstiegswillen.

34 35

36–39

44 45 46▸

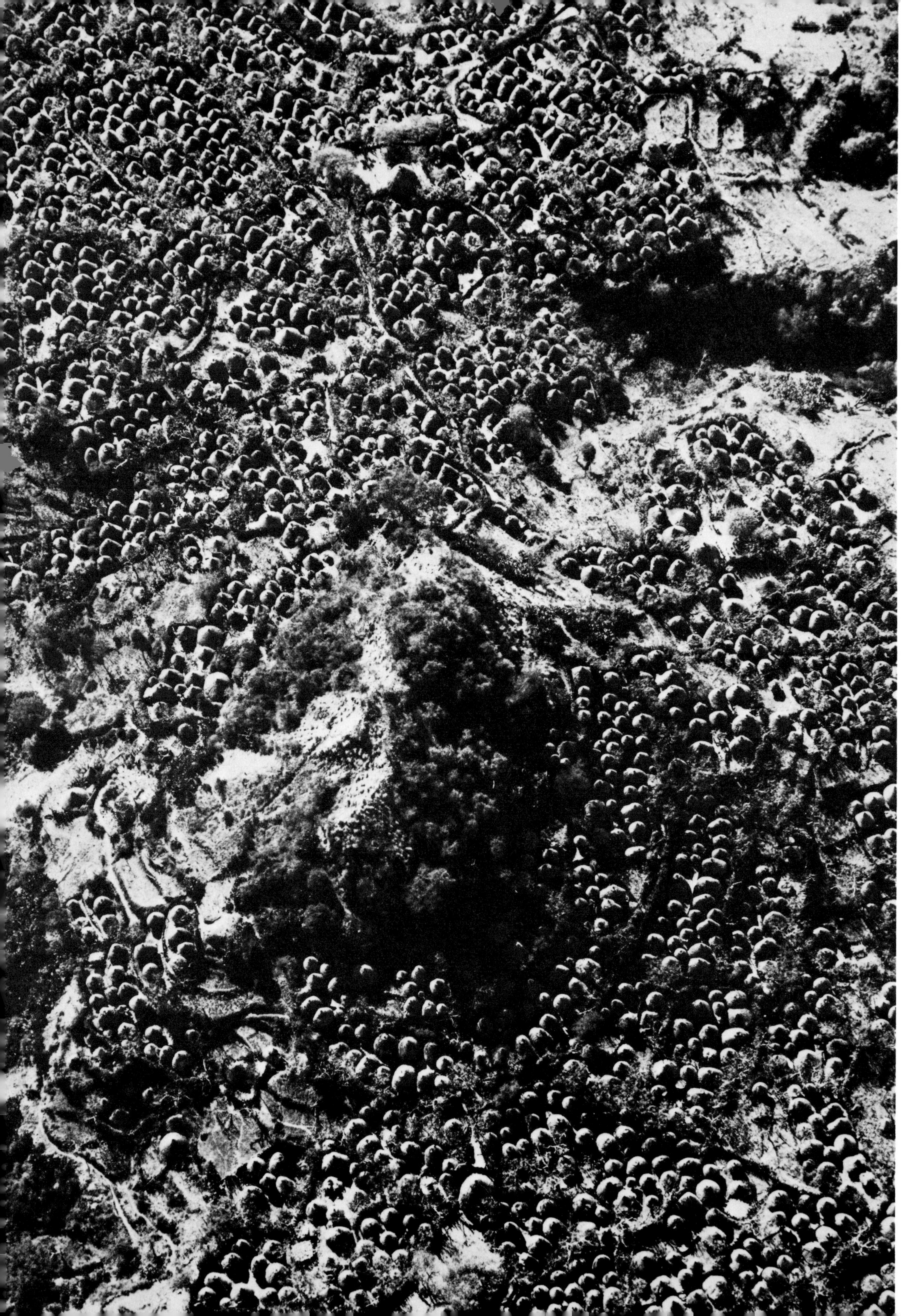

51 52

Ein Siedlungsarchetyp: die Rundstadt

Die Lawine der Verstädterung überrollt jetzt die Erde. Allein die städtische Bevölkerung Afrikas wird voraussichtlich von 58 Millionen im Jahre 1960 auf 294 Millionen um die Jahrtausendwende anwachsen, diejenige Asiens von 559 Millionen auf 3444 Millionen und jene Lateinamerikas von 144 Millionen auf 650 Millionen. Gleichzeitig wächst das vielzitierte Unbehagen über die Unwirtlichkeit der Städte. Bei uns färben noch immer hauptsächlich die Probleme, die wir uns mit dem rollenden Individualverkehr eingebrockt haben, die öffentliche Diskussion um die Stadt. Stadtforschung meint freilich mehr – oder müßte mehr meinen – als die Sanktionierung des Privattraums von den eigenen vier Rädern durch die Allgemeinheit. Und Urbanismus, der zu einem Versorgungskonzept mit vier Planungsgleichungen (Mensch = Wohner, Mensch = Esser, Mensch = Arbeiter, Mensch = Pendler) verarmt, läuft – in der Formulierung eines deutschen Architekten – auf «die Verrichtung funktionaler Notdurft» hinaus.

In ihrem einflußreichen Buch «Die Stadt als Schicksal – Geschichte der urbanen Welt» argumentiert Sibyl Moholy-Nagy überzeugend dafür, Städte nicht einfach als mündig gewordene Dörfer anzusehen. Die Stadt ist vielmehr, genau wie das Dorf, ein Apriori der Umweltbewältigung und der Organisation der zwischenmenschlichen Beziehungen. Einer gedankenlos, ohne Leitbilder verstädternden Menschheit müssen mahnende Vorbilder der Stadt-Findung entgegengehalten werden. Kein Siedlungstyp ist dafür geeigneter, weil ehrwürdiger und bedeutungsträchtiger, als die Rundstadt – und wie kein anderes Mittel erlaubt die Flugaufnahme eine Diagnose seiner Wandlungen.

Wenn der Kreis, an und für sich schon das Sinnbild der Harmonie, Erfüllung und Vollkommenheit, noch durch ein (Straßen-)Kreuz unterteilt wird, lädt sich der Grundplan der Rundstadt zusätzlich mit archetypischer Prägekraft auf. Die Psychologie C.G. Jungs deutet den

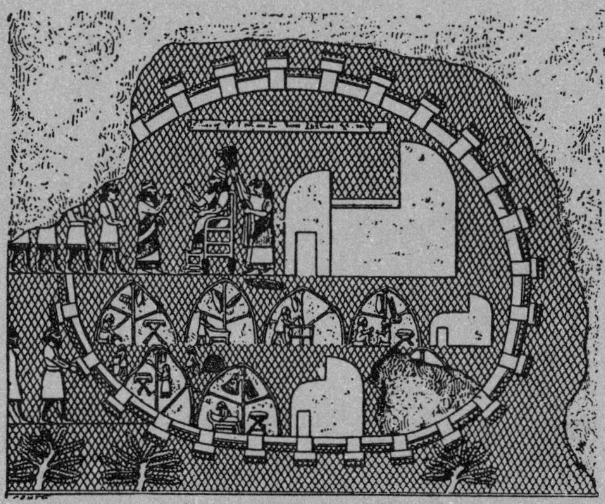

Das Lager des Assyrerkönigs Sanherib (704–681) auf einem Flachrelief

Befestigtes assyrisches Lager, Darstellung im Palast des Sanherib in Ninive

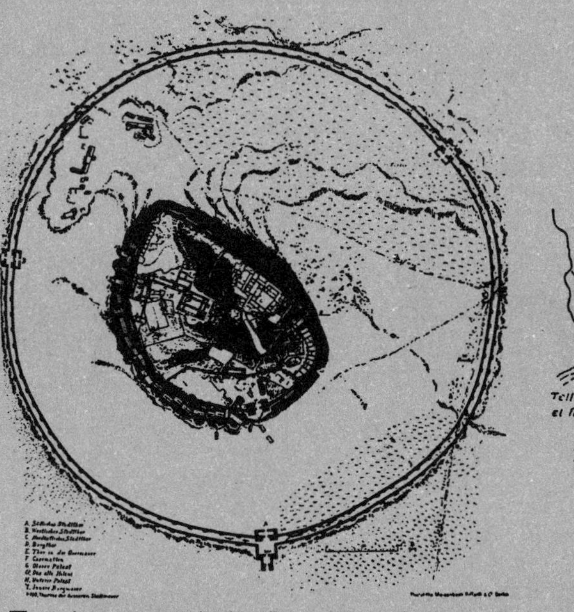

Zencirli, aramäische Bauphase, 8. Jh. v.Chr.; Durchmesser 700 m

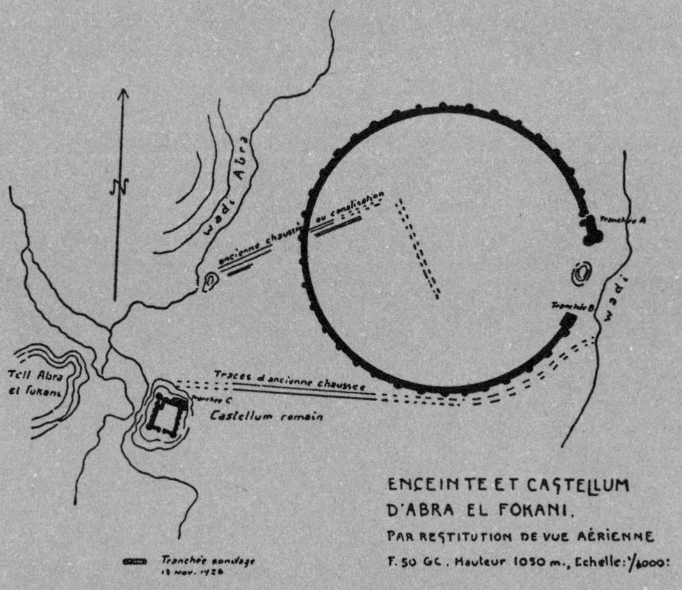

Abra al-Fokani in Syrien, spätassyrisch (?), Durchmesser 450 m (alle Bilder nach *Creswell*)

geviertelten Kreis als ein Grundmuster der seelischen Selbsterfahrung. Er erscheint in mystischen Visionen, in Träumen und Mythen, in Zeichen der Kabbala und der Alchemie, im Stupa-Bau (Bild 172), in den Mandalas – buddhistischen Meditationshilfen – und im Formenschatz religiöser Symbole überhaupt – überall dort, wo der Mensch seinen Selbstwerdungsprozeß, seine Sehnsucht nach seelischer Ganzheit in Bildern aussagt.

Man kann selbstverständlich den kreisförmigen Stadtplan auch mit Erwägungen purer Zweckmäßigkeit rechtfertigen. Die kürzeste Mauer schützt die größtmögliche Fläche. Bewohner, deren Häuser auf demselben konzentrischen Kreis liegen, haben alle gleich weit zum Tempel im Mittelpunkt oder zu den Golfplätzen vor der Stadt. Und andere Nützlichkeiten mehr. Jene der Übersehbarkeit des Ganzen vom Mittelpunkt aus verhalf dem Schema vorübergehend sogar zur Anwendung im Gefängniswesen: das in Belgien erfundene *Panopticon,* bei dem ein Wächter in der Mitte die Zellen aller Häftlinge überschaute, leuchtete Thomas Jefferson (damals Gesandter der Union in Paris) so sehr ein, daß er die Neuerung über den Atlantik vermittelte. Doch mag man es wenden und drehen, wie man will – Überlegungen dieser und jeder utilitaristischen Art üben Verrat am ursprünglichen Tiefsinn der Zirkelstadt. Sie verstand sich als Abbild des vom Horizont begrenzten Erdkreises – und als Weltkreis-Stadt blieb sie stets kosmisch verankert. Ihr Mittelpunkt war der Nabel des Universums, ein dort aufgebauter Weltberg oder Tempelturm die Nabelschnur.

Die Bedeutung der Idee der Kreuz-Kreisstadt läßt sich kaum daran messen, wie oft sie baulich verwirklicht wurde. Die altägyptische Hieroglyphe für «Stadt», die auch als Deutezeichen hinter Ortsnamen steht, ist ein gekreuzter Kreis (nach dem Bild frühgeschichtlicher Einfriedungen ähnlich den Krals, wie sie heute noch in Afrika errichtet werden); in der archäologischen Hinterlassenschaft des Nillands übertreffen trotzdem die rechtwinkligen Anlagen die runden an Zahl weit. Die Idee setzte sich offenbar zuweilen im Gründungsritual, aber nicht in der tatsächlichen Gründung durch. Romulus, berichtet Plutarch in

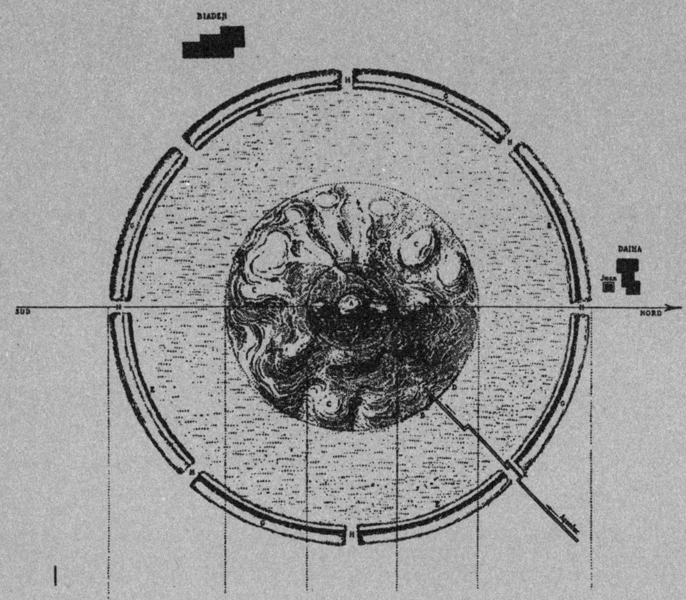

1

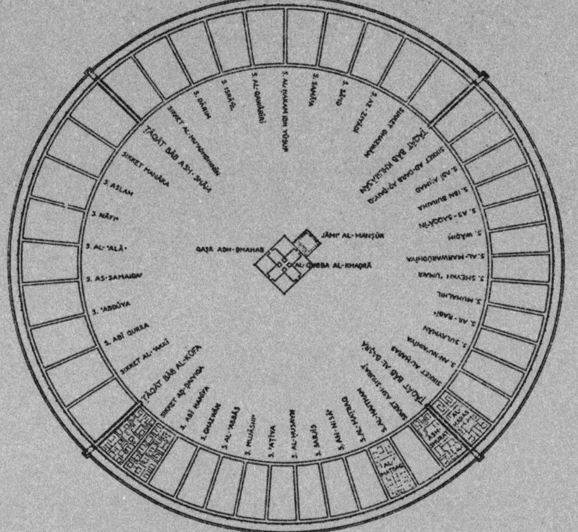

2

3

1 Die parthische Stadt Darabjird in Iran, Durchmesser 675 m (nach *Creswell*)

2 Bagdad: die Rundstadt al-Mansurs, Durchmesser 2700 m (nach *Creswell*)

3 Isländischer Jerusalemplan, 13. Jh.

dessen Biographie, ließ etruskische Stadtgründungsspezialisten kommen. Nach ihren Anweisungen gründete er Rom, rings um die *mundus*, «Weltall», genannte Opfergrube eine Furche zur Begrenzung des Stadtgebiets pflügend. Aber selbst Ur-Rom war zweifellos keine Rundstadt, sogar Plutarch spricht sozusagen in einem Atemzug mit der Schilderung des Rituals von einer *Roma quadrata*, einem viereckigen Rom. Die aus kosmischer Verbundenheit und heiliger Geometrie genährte Idee überwand bei Gelegenheit auch die Wirklichkeit des Augenscheins. Herodot beschrieb die im 7. Jahrhundert v.Chr. neu gegründete Hauptstadt der Meder, Ekbatana, als eine Rundstadt aus sieben konzentrischen Mauerringen, von denen jeweils der innere um Zinnenhöhe über den äußern emporragte. Die Zinnenkränze von fünf Mauerringen trugen je eine Planetenfarbe – weiß für Jupiter, schwarz für Merkur, purpurn für Saturn, lapisblau für Venus und orange für Mars, in dieser Reihenfolge von außen nach innen. Die zwei innersten Ringe, die die Königsburg und das Schatzhaus umschlossen, erglänzten in Silber und in Gold – Mond und Sonne. Herodots Schilderung wirkte lange nach, sogar Platon zehrte von ihr, aber weder spätere Besucher wie Polybios noch die Archäologen konnten den «Vater der Geschichtsschreibung» bestätigen. Ekbatana war zu keinem Zeitpunkt seiner Geschichte ummauert gewesen, Herodot war einem Mythos aufgesessen. Und ein zweites, zeitlich näher liegendes Beispiel für den erfolgreichen Widerstand, den die Idee der Wirklichkeit leistete: spätestens seit dem Hochmittelalter gab es in Europa die Vorstellung einer viergeteilten Welt mit Jerusalem im Mittelpunkt. Sie ging in zahlreiche literarische und kartographische Darstellungen ein – Jerusalem erscheint in ihnen stets als kreisrunde Stadt mit Straßenkreuz. Sollte das irdische Jerusalem abgebildet werden? Da mußte es jeder Kreuzfahrer besser wissen (Bild 157). Oder war etwa das himmlische Jerusalem gemeint? Da wiederum widersprach die Johannes-Offenbarung, die ausdrücklich das himmlische Jerusalem als quadratisch anspricht. Doch das psychisch übermächtig besetzte Bild der kreisförmigen Idealstadt schlug glorreich alle Einwände von Baedeker und Bibel zurück.

Akzeptiert man Jungs Auffassung von den Archetypen, wirft natürlich das Auftauchen der viergeteilten Rundstadt – oder der Idee von ihr – an kontinentweit auseinanderliegenden Orten zu ganz verschiedenen Zeiten wenig Probleme auf: wo immer und solange Menschen sind, widerfährt ihnen Individuation, wird ihnen das Kreuz der Selbstwerdung auferlegt. Dem in geschichtlichen Abläufen denkenden Archäologen und Stadtforscher hingegen bereitet die raumzeitliche Verteilung der Belege Kopfzerbrechen. Die ältesten im Gelände belegbaren Rundsiedlungen sind ägyptisch, eine Blütezeit hatte die Rundstadt sodann im iranischen Bereich im ersten vorchristlichen Jahrtausend. An welchen Ast eines Stammbaumes der Rundstadt gehören aber zwei Musterbeispiele wie das zentralamerikanische Mexcaltitán oder das nordeuropäische Trelleborg? Im Falle Mexcaltitáns hat die Diskussion noch nicht einmal begonnen. Beim Versuch, wenigstens die strenge Vierteilung im wikingischen Standlager Trelleborg zu erklären, hat Werner Müller (in seinem Buch «Die heilige Stadt») sich erfolgreich entlang verborgenen Wurzelsträngen im germanischen und keltischen Denken und Brauchtum weit zurückgetastet. Wo wird die Suche nach dem Ursprung dieses urbanistischen Grundmusters schließlich enden? Bei einer einmaligen Ur-Erfindung, festgehalten durch die Koordinaten von Raum und Zeit, oder eher bei einer Vielzahl von Spontanzeugungen – ohne geographische und chronologische Brücken?

Nachdenklich stimmt die Beobachtung, daß offenbar in Zeiten der Unsicherheit und Umwälzung sich die konzentrischen Stadtplanungen vervielfachen. Sibyl Moholy-Nagy erwähnt für die Renaissance eine «Epidemie kosmologischer Stadtsymbolik». Ähnliches trifft für das Ende des Ancien Régime und die Französische Revolution zu: in damaligen Architekturutopien erfreuten sich Kreise und Kugeln auffallender Beliebtheit. Und heute? Europäische Futurologen trafen sich im Herbst 1972 im französischen Arc-et-Senans – von Claude Nicolas Ledoux kurz vor Ausbruch der Französischen Revolution als ideale Arbeits- und Industriestadt (für die Salzgewinnung) kreisförmig geplant, aber nur zum Teil gebaut – und «erfanden» die Rundstadt neu. Konzentrische

Stadtplanungen – verwirklicht oder als Entwürfe, das ist nebensächlich – sind anscheinend so etwas wie Fliegende Untertassen des Urbanismus: rotierende Heilsbilder für die darbende, einseitig strapazierte Seele.

Ein bayerisches Baugesetz untersagte Verstöße «gegen Symmetrie und Sittlichkeit». Einige Verfasser von Stadt-Utopien, die über die ethischen Wirkungen ihrer Planungen nachgedacht hatten, hielten allen Ernstes die Linear-Stadt für eine Brutstätte der Laster, die Rundstadt für eine Schmiede der Tugenden. Man darf also schon fragen: Lebt es sich anders in einer Nabelstadt – ich meine: als Bürger auf einem Außenring, nicht gerade als Mittelpunkt-Bewohner, der vielleicht als «Achse der Welt», «Pol der Welt» oder «Herr der vier Weltquadranten» – eine Auswahl iranischer Königstitel – anzusprechen ist? Die Stadtforschung tut sich noch schwer mit Antworten. Die Übertragungsmechanismen, durch die Gehalt und Gestalt der Stadtanlage auf die Bewohner wirken, sind noch nicht klar. Werden Kreis-Städter, eingedenk ihres Privilegs, jemals den Stadtleib zerstören, sich freiwillig aus dem Mittelpunkt der Schöpfung exilieren? Die Fischer von Mexcaltitán sind bis heute von dem kosmischen Sinngehalt des Siedlungsplanes durchdrungen; seit Jahrhunderten kennen sie nur ein Wachstum nach innen, durch Erneuerung absterbender Siedlungsteile. Es ist allerdings kaum zu entscheiden, ob der einkreisende Griff des Sinngehalts Ausufern der Siedlung verhinderte – oder ob nicht vielmehr die reine topographische Not, die Lage in der Lagune, die eine Änderung der Gestalt nicht zuließ, den Gehalt über große Zeiträume hinweg lebendig erhielt. Andere Rundstädte fuhren, kosmische Verankerung hin oder her, jedenfalls nicht so gut. Kalif al-Mansur gründete 762/63 Bagdad als viertorige Rundstadt, aber schon wenige Jahrhunderte später war diese unauffindbar: Siedlungsgewucher hatte das gezirkelte Ur-Bagdad ausgelöscht. Nicht besser erging es dem kalifornischen Corona. Ein R.B. Taylor aus Iowa hatte es, wahrscheinlich angeregt von den konzentrischen Stadt-Utopien des 19. Jahrhunderts, in der Form eines Wagenrads gegründet. Das Stadthaus und der Versammlungsplatz für die Bürger sollten die Stelle der Nabe einnehmen; wie Speichen strahlten vom Mittelpunkt Wege zu einer drei Meilen (fast fünf Kilometer) langen Ringstraße, die das Stadtgebiet kreisrund aus den Zitronen-, Orangen- und Grapefruitpflanzungen der Gegend herausschnitt. Geschwindigkeitsnarren hatten aber für den kosmischen Kreis schon bald eine sehr irdische Verwendung: 1913 hielt Corona auf der Ringstraße das erste Autorennen ab, die Stadt promovierte vorübergehend zum «Indianapolis des Westens». Um das Stadtbild war es dann bald geschehen, die Siedlung floß in die Landschaft aus – heute legen nur der Name und der ringförmige Grand Boulevard die Vermutung nahe, daß Herr Taylor mit seiner Gründung Höheres und Feineres vorhatte.

Die Mitte ist der Vater des Kreises... Auftrag oder Aufgabe, die die Rundstadt der Mitte vorbehält, verrät die kosmische Spannung, in der die Stadtanlage steht – oder deren Erschlaffung. Die jetzt bei Pondicherry in Indien im Bau befindliche Stadt Auroville, deren Grundplan einem kosmischen Spiralnebel ähnelt, hat im Zentrum einen Meditationsraum innerhalb einer gigantischen Kugel mit vergoldeten Schuppen. Dagegen ist Sun City in Arizona bloß ein Mandala der Verbrauchergesellschaft: hier beherrscht der Supermarkt die Mitte. Das Zentrum ist mitunter gesellschaftspolitisch programmiert. Ledoux stellte in den Mittelpunkt seiner idealen Salinenstadt «das Haus des Direktors», flankiert von der Salzsiederei und der Salzabfüllerei, zwei Stätten der Arbeitswelt also. Und die Planer der brasilianischen Arbeitersiedlung Jupiá sahen für deren Zentrum ursprünglich einen Bauernhof vor. Mittelpunkt-Diagnose läßt an der Entmythologisierung der Rundstadt in unserer Zeit keinen Zweifel, macht aber auch neue Götter deutlich. Die von oben ästhetisch so reizvollen Rundsiedlungen bei Kopenhagen huldigen dort, wo früher der Weltberg stand oder die Weltachse oder wenigstens ein Tempel, mit einem Abstell- und Wendeplatz dem modernen Abgott Pe-Es.

58

Das wikingische Standlager Trelleborg bei Slagelse auf Seeland, Dänemark. Ein kreisrunder Wall – mit 68 Metern Innen- und 86 Metern Außenradius – umschließt die Hauptburg. Die Abweichung des Kreises vom Ideal beträgt nur wenige Zentimeter. Diese Genauigkeit läßt sich freilich unschwer erreichen, indem man eine Schnur hindernisfrei rund um einen Pflock führt. Doch beweist die Innenaufteilung der Burg, daß hier Meister mit der Meßlatte und im Setzen von Markierungspflöcken am Werke waren. Ein Wegkreuz, den vier Toren entsprechend, viertelte den Innenraum. In jedem Viertelkreis umstanden vier ellipsenförmige, schiffsgestaltige Bauten quadratisch einen Hof. Zum Ringwall-Heerlager gehörte eine Vorburg, deren Bauten, ebenfalls schiffsgestaltig, radial auf die Hauptanlage zugeordnet waren. Trelleborg hatte, als es um die Jahrtausendwende entstand, noch direkten Zugang zum Meer und wurde vermutlich von einer Heeresabteilung als Garnison benützt. Die Wikinger bauten unter Sven Gabelbart (986–1014) noch mehr solcher Ringwälle mit Truppenunterkünften. Die mathematische Strenge, die sie auf die Anlagen verwendeten, teilt etwas vom Geist der wikingischen Ausbilder auf dem Kasernenhof mit. Im Grundriß der kreisrunden Befestigung erscheint die viergeteilte Weltkreis-Stadt sozusagen auf ihr Ideogramm verdichtet.

59

Sun City bei Phoenix, US-Staat Arizona. Die Del E. Webb Landerschließungsgesellschaft baut ihre Sonnenstädte, seit dem Erfolg der ersten bei Phoenix, ausschließlich für Pensionierte: in den Sun Cities erblickt kein Baby das Licht der Welt; mindestens ein Familienmitglied muß fünfzig Jahre alt sein; Kinder im Schulalter werden nur als Besucher geduldet. Diese Alterssiedlungen entstehen in flagranter Verletzung der Lehrmeinung, daß Betagte vor solchen Altersgettos zurückscheuen, und wachsen trotz oder wegen dieser geriatrischen Ketzerei jugendlich ungestüm. Sun City bei Phoenix zählt mehr als 23000 Einwohner. Bei der Wahl des Kreises für die Stadt lag den Planern jeder Gedanke an kosmische Symbolik fern. Die Krümmung der Straßen soll den Anliegerverkehr verlangsamen. Und vor allem sollen die Spielwiesen der Rentner, die die Rundstadt einfassenden Golfplätze, für jeden «Sonnenbürger» in Gehentfernung liegen.

60

Stadt und Insel Mexcaltitán im mexikanischen Staat Nayarit. Mexcaltitán liegt in einer Lagune an der Pazifikküste, zweihundertundfünfzig Kilometer nordwestlich von Mexikos zweitgrößter Stadt, Guadalajara. Der Flachsee wimmelt von Krabben, Garnelen und Fischen: Hauptnahrungs- und Haupteinnahmequelle der Bevölkerung. Die Besiedlung der Insel reicht weit in vorkoloniale, vorspanische Zeit zurück. Einige Forscher neigen sogar dazu, Mexcaltitán mit Aztlan gleichzusetzen, der Urheimat der Azteken (= «Leute von Aztlan»), bevor diese ihre geschichtlichen Wohnsitze im Hochtal von Mexiko bezogen. Aztekische Ursprungs- und Wanderungssagen raunen von einer Insel mitten in einem Binnensee, einem Paradies der Fischer und Wasservogeljäger. Gewiß ist, daß in dem Dorf zäh die Erinnerung an die Verehrung des Mondes, Mittelamerikas ältesten Kult, fortlebt. Und daß seine Bewohner von dem mystisch-mythischen Sinngehalt des Siedlungsplans bis heute durchdrungen sind: Mexcaltitán ist für sie der Mittelpunkt des Universums. Das Kreuz, das vier Gassen der den Ortskern einschließenden Ringstraße einbeschreiben, spiegelt die Teilung des Himmelsgewölbes in die «vier Ecken der Welt».

61

Ruinen der Wüstenstadt Hatra in Nordmesopotamien, Irak. Die Stadt war viertorig; in ihrem Mittelpunkt standen an einem großen Platz Palast und Tempel. Mit ihren turmbewehrten Mauern kam die Stadt im römischparthischen Grenzland als befestigte Lagersiedlung und als Stützpunkt des Karawanenhandels in den ersten Jahrhunderten unserer Zeitrechnung zu Blüte und Ruhm. Bei parthischer Oberhoheit herrschte in Hatra eine aramäische Dynastie; unter den Belagerern, die sie mit Erfolg abschlug, befanden sich selbst die römischen Kaiser Trajan und Septimius Severus. Im 4. Jahrhundert wurde Hatra aufgegeben. Sein Stadtplan, obwohl nicht ausgezirkelt, unentschlossen zwischen Polygon und Kreis (von etwa 1850 Metern Durchmesser) verharrend, war vermutlich von runden iranischen Anlagen eingegeben. Die irakische Altertümerverwaltung ist jetzt daran, so weit als möglich Hatra wieder aufzubauen.

62

Siedlung der Peul am Bani, unweit dessen Zusammenfluß mit dem Niger, in Mali. Die Hauptwege laufen radial auf den Platz vor der Moschee im Mittelpunkt zu. Die leichte Krümmung dieser Radialgassen versetzt optisch das strahlige Gebilde in eine Drehbewegung wie ein Sonnenrad. Darf man einem mythisch so aufgeladenen Gebilde noch «Dorf» sagen?

63

Die Grundmauern eines Pueblo in der Schlucht des Rio de los Frijoles («Bohnenflüßchen»), US-Staat Neu-Mexiko. Die sogenannte Tyuonyi-Ruine im Bandelier National Monument gehört zu den bedeutendsten Pueblo-Resten im Einzugsgebiet des Rio Grande. Bis zu drei Stockwerken gestapelt, legten sich über 400 Räume in konzentrischen Kreisen um den zentralen Platz mit der Kiva, dem unterirdischen Kult- und Versammlungsraum der Pueblo-Indianer. Die Räume des Erdgeschosses dienten als Vorratskammern; nur die Obergeschosse eigneten sich fürs Wohnen, da die Indianer das Problem des Rauchabzugs ihrer Herdfeuer nicht gelöst hatten. Im Osten hatte der Kreis eine Zugangs-Lücke; der zentrale Platz konnte aber auch auf Leitern über die Dächer der Siedlung erreicht werden. Die Datierung von Bauteilen aus Holz mit Hilfe von Baumringen ergab Jahreszahlen zwischen 1383 und 1466 – offenbar die Zeit der größten Bautätigkeit. Mitte des 16. Jahrhunderts gaben die Indianer ihre Wohnsitze in dem Canyon auf. Übervölkerung, Dürre, Krankheit – die eine oder andere, oder auch alle drei – veranlaßten sie zum Weiterziehen Richtung Rio Grande.

64

Wells Estate von Epsom in der Grafschaft Surrey, England. Auf dem Rund, auf dem jetzt die Siedlung steht, sprudelten die Mineralquellen, denen Epsom den Ruhm als Badeort verdankte. (Außer der Bezeichnung Epsom-Salz für abführendes Bittersalz ist von dem einstigen Ansehen als Kurort nichts geblieben.) Wells House, das die Gesundbrunnen hütete, stand auf einem kreisrunden Stück Land – ganz von der Allmend, Epsom Common, umgeben. Die Bebauung des Lands im Privatbesitz, die nach dem Ende der Badeherrlichkeit einsetzte, ließ sich von den Grenzen zur Allmend die Kreisform der Quartierplanung aufdrängen.

65

Die Siedlung Jupiá am Oberlauf des Paranà im brasilianischen Gliedstaat Mato Grosso. Sie entstand in den sechziger Jahren für die zehntausend Arbeiter, die Jupiá-Staudamm und -Zentrale (als erste Etappe des Urubupungà-Kraftwerkkomplexes) errichteten. Im Mittelpunkt dieser wegweisenden *vila piloto* für die Werktätigen sollte ursprünglich eine Musterfarm stehen – programmatischer Fingerzeig auf den Bauernstand. Aber diese ideologischen Knabenmorgenblütenträume reiften nicht, und sogar der Plan, die Siedlung nach Abschluß der Bau- und Ausrüstungsarbeiten am Leben zu erhalten, zerronn am Ende zu nichts: die Behörden Mato Grossos wiesen das Geschenk als zu aufwendig im Unterhalt zurück, die Armee übernahm zuletzt wenigstens die eine Kreishälfte, die andere verfiel dem Bulldozer. Der konzentrische Stadtplan hat in Brasilien einheimische Ansätze: einige Stämme der Amazonas-Indianer bewohnen Dörfer, deren Grundplan einem gewaltigen Rad mit Speichen gleicht: die Wohnhäuser liegen jeweils am Ende der Speichen auf dem Radkranz.

66

Nikosia, die Hauptstadt Zyperns. Nikosia, seit mehr als einem Jahrtausend Hauptstadt der Insel, ließ sich zwar von dem Mauerring nicht beengen, den ihr die Venezianer im 16. Jahrhundert in Erwartung des türkischen Angriffs anlegten. So ist das moderne Nikosia weit über seine venezianischen Befestigungen hinausgewachsen. Aber noch immer sind die Stadtteile *intra muros* Nikosias Herz und Seele. Der Ingenieur, der zwischen 1567 und 1570 die Stadt für die Türken uneinnehmbar machen wollte, opferte der Ringmauer und den elf Bastionen, die er zur Bekämpfung der Belagerer aus der Flanke in den Stadtgraben vorspringen ließ, zahllose Paläste, Kirchen und Klöster. Umsonst: nach nur siebenwöchiger Belagerung nahm die türkische Heeresmacht 1570 die Stadt im Sturm und stürzte auch hier das Kreuz vom Sophiendom: die gotische Kathedrale der Hagia Sophia im Mittelpunkt der Stadt verwandelte sich in die Selimiye-Moschee.

67

Sommerhäuser in Brønbyvester, Dänemark. Die Sommer- und Wochenendkolonien bei Kopenhagen nehmen sich aus wie Blütendolden am Autobahnstiel. Mittelpunkt, sozusagen der Boden jeder Blüte, ist der Parkplatz – und jede Blüte damit so etwas wie eine Perversion der klassischen Wagenburg: die Menschen und die aus ihren Häusern und Gärten bestehende Verschanzung schützen die Wagen. Die Gemeinde überließ der dänischen Gesellschaft für Schrebergarten-Häuser befristet das Land zum Bau der Siedlungen; nach längstens dreißig Jahren erlischt das Pachtverhältnis und muß das Areal der Gemeinde in guter Ordnung wieder zurückgegeben werden. Die Häuser dürfen im Sommer dauernd, im Winterhalbjahr jedoch nur am Wochenende benützt werden.

61

62-65

Kalligraphien des industriellen Zeitalters

Der Nutzen, den der industriell wirtschaftende Mensch aus dem Blick von oben zieht, wächst mit jedem Tag. Flugzeuge und Satelliten helfen die Planungsgrundlagen für Ingenieurvorhaben – Talsperren, Straßen, Pipelines und Schienenwege – erarbeiten. Bei der Erstellung von Landkarten und Kartierungen aller Art ist fliegerische Mitwirkung nicht mehr wegzudenken. Undenkbar ohne sie die Inventur von Wald und Feld, undenkbar die Raumplanung, undenkbar die Rohstoffsuche, undenkbar der Umweltschutz, undenkbar die aktuelle Information über den Zustand des blauen Planeten, die Sandverfrachtungen in den Wüsten, die Eisbewegungen in den Polargebieten, das Schwanken der Schneegrenze, die Sedimentführung großer Ströme, das Wandern der Wolkenfelder. Die Fernerkundung bedient sich dabei nicht nur des Fensters, das sich für uns im sichtbaren Teil des elektromagnetischen Spektrums auftut – sie «sieht» auch im Infrarot- und Radarbereich. Die Argusaugen am Himmel, zuerst von den Militärs zur Enttarnung eingesetzt, spionieren jetzt für die Menschheit; sie schaffen die Voraussetzung zu globalem Management. Daran war zu erinnern.

Der Luftaufnahme unterworfen werden in dieser Bildfolge der industriell wirtschaftende Mensch selber und sein Wurmfortsatz, der Freizeiter, der Konsument von freier Zeit. Die ausgewählten Beispiele sind Schönschriften der technischen Zivilisation, vielleicht aber deswegen trotzdem nicht nur ästhetisch reizvoll. Einige gehören sogar zweifelsfrei zu den Reiz-Bildern einer sich wandelnden Zeit – und haben daher nicht immer zum Gleichen gereizt. Zum Beispiel die Urwaldstraße – sie ist ein Manifest, fragt sich nur: wofür? Es ist noch nicht lange her, da schlug das Herz höher angesichts der Pioniere, die sich Bahn brachen in den Dschungel; jetzt steht es still. Oder etwa die Beton-Lianen der Pazifik-Metropole Los Angeles – auch sie ein Programm, fragt sich nur: für wen? Die autogerechteste Stadt der Welt galt jahrzehntelang als ein glorioses Denkmal für den Verbrennungsmotor, als der Inbegriff einer Eroberung, bis es zuletzt sogar stoßstangenkleber-notorisch wurde, daß einst zwar Sex schmutzig, aber wenigstens die Luft sauber war.

68
Urwaldstraße im brasilianischen Gliedstaat Mato Grosso. Präsident Juscelino Kubitschek, der Gründer Brasilias, beklagte den Mangel an Pioniergeist bei seinen Mit-Brasilianern: wie Krabben klebten sie am übervölkerten Ufersaum ihres kontinentgroßen Landes. Er beschwor den Geist der *bandeirantes* – jener Waldläufer, Schatzsucher und Abenteurer, die im 17. und 18. Jahrhundert von São Paulo aus in das unerforschte Hinterland vorgestoßen waren. «Wir müssen nach Westen marschieren, der See unseren Rücken kehren und aufhören, auf den Ozean zu starren – als ob wir an Abreise dächten.» Kubitschek sah Brasilia als den Ankerpunkt eines Netzes von Straßen, die die Brasilianer von der Küste weg in die kolossale Wildnis locken sollten. Tempo und Geist, in dem heute die Wirklichkeit Kubitscheks Vision ein- und überholt, sind bedenklich – nachsichtig ausgedrückt. Ein gigantisches Straßensystem von fünfzehntausend Kilometern Länge ist im Namen der Erschließung und Kolonisation von Amazonien und des Mato Grosso entweder gebaut und im Bau oder baureif geplant. Kaum ist das Bulldozer-Epos der Transamazonica von Recife nach Rio Branco beendet, macht der viertausend Kilometer lange *Perimetral Norte* vom Atlantik nach Kolumbien, der nördlich des großen Stromes durch den Urwald verläuft, von sich reden. Der letzte ursprüngliche Großraum der Erde, das ergiebigste Sauerstoff- und Süßwasserreservoir des Planeten, kommt unter die Raupen und die Räder. Aber nicht genug an der Sünde wider die Ökologie. Die Zivilisationswalze fährt brutal über die waldbewohnenden Indios hinweg. Die Krankheiten des weißen Mannes massakrieren sie; seine Planierraupen und Straßenhobel, manchmal für Super-Tapire mißverstanden, treiben sie aus angestammten Siedlungsräumen noch weiter in den Wald; sein Colt, sein Messer machen kurzen Prozeß. Kolonisation artet aus in Kolonialismus übelster Art – und es sind gerade brasilianische Indianisten, die seit fünfzehn Jahren unerschrocken diesen heimlichen Völkermord im Urwald anprangern. Für die Erhaltung der Waldbewohner gäbe es sogar Nützlichkeitserwägungen. In der feuchten grünen Hölle von Gift- und Brennpflanzen, mit Schlangen, blutsaugenden Zecken und Insekten, überleben sie nicht nur; sie haben sich in ihr vielmehr bei bester Gesundheit bequem eingerichtet – eine Anpassungsleistung, die auf selber erarbeitetem medizinischen und botanisch-pharmakologischen Wissen ruht. Die zivilisatorisch sitzengebliebenen Indios könnten also sehr wohl einen kulturellen und dazu noch wirtschaftlich einträglichen Beitrag leisten. Aber selbst dieses Zweckmäßigkeits-Argument schlug bisher bei der Eroberung Amazoniens nicht zu Buch, das conquistadorische Selbstverständnis der neuen *bandeirantes* macht die Traumstraße oft zum Alptraum.

69
Straßen für Menschen: die Spanische Treppe in Rom. Ein Meisterwerk des frühen 18. Jahrhunderts, verbindet sie die Piazza di Spagna mit der Kirche Trinità dei Monti auf dem Pincio. Die Blumenverkäuferinnen unter den Schirmen am Fuß der Treppe gehören zur traditionellen Ausstattung von Platz und Stiege. Neu sind die Blumenkinder auf dem Treppenabsatz, die Gurt und Schnalle, Reif und Spange – lauter Selbstgemachtes – hökern.

70
Der Klondike bei Dawson City im kanadischen Yukon-Territorium. Die Entdeckung von Waschgold im Klondike löste das Goldfieber von 1896 aus. Was den Goldwäschern und Nuggetsuchern von annodazumal entging, gewinnen bis heute Bergbaugesellschaften mit schwimmenden Riesenbaggern aus den sich erschöpfenden Goldseifen. Die systematisch durchwühlten Schotter zeigen den Durchgang der Bagger an.

71
Eine Halle im Werftgelände von Nagasaki auf

der japanischen Insel Kiuschu. Ein Hersteller von Schiffsfarben prüft an der Wasserkante mit Probeanstrichen auf den Sheddächern Lichtechtheit, Wetterbeständigkeit und namentlich den Widerstand seines Produkts gegen Salzkorrosion.

72

Klimaanlage auf einem Hochhaus in Los Angeles. Dachklimageräte versorgen über ein Netz von Verteilkanälen das Gebäude mit Luft nach Maß.

73

Straßen für Autos: Stadtautobahnen in Los Angeles. Vorbild für die Bewältigung des Verkehrs in Ballungsräumen? Oder Menetekel für die Erdrosselung der Agglomeration durch ihre Straßen? Sie schnüren den Siedlungsleib des kalifornischen Millionendorfs wie ein Betonkorsett, nirgendwo sonst verknäueln sich die Freeways derart. Der verständlichen Euphorie über die verhältnismäßig flüssige Verkehrsabwicklung (sie hielt beinahe dreißig Jahre an) ist jetzt der Kater gefolgt. Die Hoch-Stapelei der Expreßstraßen erscheint in neuem, fahlem Licht; es macht sich bemerkbar, was Stadtplaner den Zauberbesen des Individualverkehrs nennen: Autobahnen und Parkplätze fressen den letzten Rest Stadt auf. «L.A. is a great big freeway», spottet der Kehrreim eines Schlagers. Die Benützer der Stadtautobahnen, gekäfigt in ihren Wagen, erhalten Zuspruch aus dem Himmel. Süße Mädchen, die wie Stoßzeitengel im Hubschrauber über dem Verkehrsgewühl schweben, weisen die Automobilisten im Auftrag einer örtlichen Radiostation auf dem schnellsten Weg ins Büro oder nach Hause. Sie raten zur Geduld: «Lieblinge auf dem Hollywood-Freeway! Denkt daran, daß Aufregung euren Herzen schadet...» In akuten Smog-Situationen weiß sich freilich ihre Sorge um die Innereien der Lieblinge drunten auf den Freeways nur noch Verzweiflungsrat: «Hört auf zu atmen. Es ist viel besser für eure Lungen.» Die pendelnden Lieblinge unterhalten sich mittlerweile untereinander per Aufkleber. Stoßstangen-Seufzer der Commuters: «Denk an die Zeit, als Sex schmutzig und Luft sauber war» ... «Boykottiert Erzeugnisse aus New York» ... «Fahr vorsichtig, sie warten auf dein Herz» ... «Amerika: lieb es oder laß es» ... «Amerika: verändere es oder verlier es» ... «Hupe, wenn du geil bist» ... «Ich bin eine Jungfrau» ... «Jesus rettet» ... «Liebe deinen Nächsten, aber laß dich nicht erwischen» ...

74

Die Bingham Canyon Mine im US-Staat Utah. Sie ist das älteste Kupferbergwerk, in dem das Erz im Tagbau gewonnen wird; sie ist der größte einzelne Bergbaubetrieb überhaupt; aus ihr kam mehr Kupfer als aus irgend einer andern Grube; dazu ist sie auch noch die größte Ausgrabung von Menschenhand, der Aushub des Panamakanals hätte in ihr mehr als fünfmal Platz. Kurz: die spektakulärste Erzgrube auf dem Planeten. Sie ist vier Kilometer lang und achthundert Meter tief; im Winter fällt auf ihrem Rande Schnee, wenn es auf ihrer Sohle regnet. Auf den Bänken des Amphitheaters, die bis fünfzehn Meter hoch und bis siebenunddreißig Meter breit sind, verkehren die Erzzüge und Autoschütter mit dem Nebengestein. Die tägliche Beförderungsleistung der Züge und Lastwagen im Bergwerk kann 455000 Tonnen Gesteinsmaterial übersteigen – auch das eine Weltbestleistung. Seit 1904 wurden der Grube drei Milliarden Tonnen Gestein entnommen und aus dem Erz zehn Millionen Tonnen Rohkupfer erzeugt. Das gigantische Amphitheater und die gargantuelischen Verlade- und Transportgeräte erklären sich aus dem sehr niedrigen Kupfergehalt des abgebauten Erzes und dem ungünstigen Verhältnis zwischen Erz und Nebengestein. Allein die Förderung gewaltiger Mengen Erzes und äußerste Rationalisierung in seiner Aufbereitung machen die Handicaps wett. Die Bingham Canyon Mine ist ein Betrieb des Kennecott-Kupferkonzerns.

75
Wellenbrecher in der Ise-Bucht auf Honschu, Japan. Bei der Länge der Küstenlinie der japanischen Inselwelt – rund 26000 Kilometer – liegen Wellenbrecher nicht unerwartet groß im Angebot. Die Baukastenelemente zur Uferbefestigung kommen in allen Größen und Formen, vielfüßig und vielwürfelig. Küstenschutz ist nicht einmal immer ihre ausschließliche Aufgabe. An vielen Orten werden solche Betongärten angelegt, um für die Fische geeignete Nist- und Laichplätze zu schaffen.

76
Neulandgewinnung bei Sha Tin, Kronkolonie Hong Kong. Hinterkipper bauen eine Landzunge in eine Bucht des Südchinesischen Meeres hinaus. Auf ihr sollen Wohnblöcke und ein Pferderennplatz entstehen.

77
Neulandgewinnung in Südafrika: Windschutzzäune für die Abraumhalde eines Goldbergwerks bei Johannesburg. Die südafrikanische Goldindustrie hat in achtzig Jahren fünf Milliarden Tonnen Gesteinsmaterial – neununddreißigmal den Aushub des Suez-Kanals – aus vielen hundert und einigen tausend Metern gefördert und zur Extraktion des Goldes pulverfein zermahlen. Sie ist gesetzlich verpflichtet, die Abraumhalden – Schlamm- und Sandhügel – gegen Abtragung durch Wind und Wasser zu schützen. Eine spezielle *Vegetation Unit* der *South African Chamber of Mines* führt die Bepflanzung durch – keine leichte Aufgabe: die Schlämme und Sande sind superfein, übersäuert, ohne Pflanzennährstoffe. Als weitere Schwierigkeit kommt die steile Böschung der Halden hinzu. Ein Gitter aus Windschutzzäunen von Schilfrohr muß die Sandhügel stabilisieren, bevor eine Vegetationsdecke über sie gezogen werden kann. Stabilisierung und Bepflanzung erfolgen in Handarbeit, doch der Aufwand lohnt sich: der Staubnebel, der vorher das Leben im Lee der Deponien elend machte, ist bald eine Sache der Vergangenheit – und die begrünten Hügel selber stehen für Wohnungen, Schulen, Sportplätze, Freilichtkinos und Flugplätze zur Verfügung.

78
Skulptur auf dem Rummelplatz: Achterbahn bei Denver, US-Staat Colorado.

79
Volleyball- und Basketball-Spieler einer Highschool bei Santa Barbara, US-Staat Kalifornien. Ein Ball geht eben in den Korb. Die Bodenzeichnungen begrenzen und unterteilen die Spielfelder gemäß den Spielregeln, die gelben für Volleyball, die weißen für Basketball.

80
Langläufer am Engadiner Skimarathon, Schweiz. Die Straße zwischen Sils-Maria und Sils-Baselgia mußte für den Übergang der Läufer präpariert werden; im März ist sie schon aper. Der Vorwurf «Viel Volk – wenig Lauf», der gegenüber einigen europäischen Volksläufen erhoben wird, gilt für den «Engadiner» sicher nicht. Viel Volk, ja – 9504 Teilnehmer und Teilnehmerinnen im Jahr 1975. Aber auch viel Lauf: die Marathonprüfung über 42 Kilometer und auf 1800 Metern Höhe ist strapaziös. Die Veranstalter verlangen nicht grundlos von jedem Läufer ein ärztliches Zeugnis oder gleichwertiges Attest. Es begrenzt das Alter der Teilnehmer nach oben nicht: sogar ein 77jähriger lief schon mit. Bisherige Bestzeit: 1 Stunde – 42 Minuten – 44,1 Sekunden (August Broger, 1975). Freilich: bei diesem Skifest ohne Verlierer ist auch der Letzte noch Sieger, im Test des Durchhaltewillens Sieger über sich selbst.

81
Internationale Ruderregatta auf dem Rotsee, Schweiz. Endlauf für Achter mit Steuermann.

82
Mottenkugeln für Kriegsflugzeuge: B-52-Bomber, C-124-Transporter und RF-84-Jagdaufklärer (Bildrand rechts, Mitte) auf dem Parkplatz des Luftwaffenstützpunkts Davis-Monthan bei Tucson, US-Staat Arizona. Schlachtenmüde oder veraltete Kriegsflugzeuge und Raumfahr-

zeuge, die aus dem fliegenden Inventar der amerikanischen Streitkräfte und der Küstenwache ausscheiden, übernimmt das *Military Aircraft Storage and Disposition Center (MASDC)* zur Aufbewahrung. Einige reaktiviert es. Auch zivile Behörden schauen sich manchmal unter den 6000 Flugzeugen 70 verschiedener Baumuster nach etwas Passendem um; die Forstämter mehrerer Staaten verwenden ausgediente Militärflugzeuge bei der Waldbrandbekämpfung. Um sie in der Luft zu halten, weidet MASDC das ihm verbleibende Fluggerät des gleichen Modells für Ersatzteile aus. Die Karkassen und die Ladenhüter verkauft es am Ende als Schrott. Was die Rentner nach Arizona lockt, tut auch den Flugzeugen gut: das Klima – viel Sonne, geringe Luftfeuchtigkeit. Als Plus für die Flugzeuge kommt hinzu der säurefreie, wenig korrodierende Boden.

83

Mottenkugeln für Kriegsschiffe: Einheiten der Zerstörerklasse der US-Reserveflotte in San Diego, Kalifornien. Kistenförmige Aufbauten hinter- und vorderschiffs schützen Lafetten vor der Seeluft. Heute steht der *Reserve Fleet* für den Kampf gegen Moder, Schimmel und Staub, gegen Rost und jede Form der Korrosion ein Arsenal von Kunststoffsprühern, Schutzanstrichen, Entfeuchtungsanlagen und feuchtigkeitsabsorbierenden Stoffen zur Verfügung; vor dem Zweiten Weltkrieg genügte es ihr, wenn stillgelegte Schiffe wenigstens nicht absackten. Die Mottenkugelflotte ist an sieben Ankerplätzen der Ost- und Westküste und im Pazifik vertäut; sie zählt rund 700 Schlachtschiffe, Flugzeugträger, Kreuzer, Zerstörer und Hilfsschiffe aller Art.

84/85

«Der noble Saft» (Schah von Iran): Produktionsanlagen der Erdölindustrie. Ein Forst von Fördertürmen im Maracaibo-See, unter dem Venezuelas ergiebigste Kohlenwasserstoffvorkommen liegen, und wabernde Flammen auf dem Feld von Zelten, dem ersten großen, das in Libyen gefunden wurde. Der Bau einer Gasverflüssigungsanlage beim Ölverschiffungshafen Marsa el-Brega an der Großen Syrte hat unterdessen die lodernde Verschwendung gestoppt, das vom Rohöl abgetrennte Gas muß nicht mehr abgefackelt werden.

86

Angeflößtes Sägeholz in Britisch-Kolumbien, Kanada. In der Zeit ökologischer Besinnung und Selbstprüfung kann das Auge nicht alleiniger Richter über ein solches Bild sein. Gewiß, fast ein Drittel der Landoberfläche der Erde ist bewaldet, und noch kaum ein Drittel dieses Drittels wird zurzeit waldbaulich genutzt. Aber soll man sich von der Statistik einschläfern lassen? Unbestritten ist der Raubbau am Wald, der in den USA mit der Eroberung des Westens im vorigen Jahrhundert Hand in Hand ging: lediglich das Eingreifen der Bundesregierung um die Jahrhundertwende rettete die Wälder der Rocky Mountains und der pazifischen Küstengebirge. Diese unbeschreibliche Kurzsichtigkeit in der Vergangenheit hat glücklicherweise das Bewußtsein der Nordamerikaner für die Bedeutung des Walds geschärft. Und sie hat dort viel getan für die Verbreitung der Einsicht, daß die Holzwirtschaft, die nicht Einschlag und Zuwachs ins Gleichgewicht bringt, den Ast absägt, auf dem sie sitzt. Aber außerhalb der nordamerikanischen Pazifikküste – in den unermeßlichen Waldgebieten Asiens, Afrikas, Lateinamerikas? Hier kündigt sich mit dem Kahlschlag des tropischen Regenwalds eine ökologische Katastrophe an.

87

Großtankerbau in Nagasaki, Japan. Im Baudock liegt die «Onyx», wenige Wochen trennen sie vom Stapellauf. Das 323 Meter lange, 54 Meter breite und 26 Meter hohe Schiff mit einer Tragfähigkeit von 268951 Tonnen gehört im Jargon der Tankerschiffahrt zu der Kategorie *Very Large Crude Carrier (VLCC)*. Sie ist ein «Ölefant» – aber noch kein «Mammut des Meeres» *(Ultra Large Crude Carrier,* über 350000 deadweight-Tonnen). Der Portalkran trägt das Signet der Baufirma, des Schwerindustriekonzerns Mitsubishi; Schiffseignerin ist die französische Compagnie Navale des Pétroles. Fünfzig Prozent der Welt-Hochseetonnage entfallen auf Tanker; Mitte 1975 gab es über 500 VLCC- und ULCC-Schiffe. Die Benutzbarkeit von Häfen, Meerengen und andern Schiffahrtswegen setzte der Jumboisierung lange die einzige Grenze. Der letzte Schrei in Automation und Fernbedienung, Lade- und Löschvorrichtungen, Navigations- und Überwachungshilfen schien die Möglichkeit einer Havarie mit Ölverlust schlechthin unmöglich zu machen. Möglich wurde das Unmögliche trotzdem und bald: Brände, Explosionen, riesige Öllachen auf dem Meer sprechen den Planern hohn. Supertanker-Übermut lief auf Grund. Selbst für eine normalisierte, weniger euphorische Weiterentwicklung der Großtankerschiffahrt gibt es jetzt plötzlich, nach wirtschaftlichen Rückschlägen vor allem, auf keiner Seekarte verzeichnete Hindernisse. Aber die Bremswege in diesem Industriezweig sind lang. Bei einer Fahrgeschwindigkeit von nur sechs Knoten (etwa 11 km/h) legt ein VLCC-Riese nach der Vollbremsung noch anderthalb Kilometer zurück.

88

Hauptbahnhof Zürich: Geleise des Vorbahnhofs und des Abstellraums für Personenwagen. Die Tragjoche der Fahrleitungsanlage feldern das Bild. Im Personenbahnhof Zürich werden während einer 24stündigen Betriebsdauer 3500 Personenwagen für 600 Reisezüge bereitgestellt.

89

Farbcodierte Großbehälter parken im Containerhafen der Kronkolonie Hong Kong. Die «Containerisation» revolutionierte in weniger als einem Jahrzehnt den Güterumschlag. Unterbringung der Güter in rollbaren, kranbaren Ladeeinheiten, die nicht nur von Hafen zu Hafen, sondern über den ganzen Warenweg reisen, plus die Bereitstellung von spezialisierten Transport-, Lade- und Löschmitteln ergeben einen Rationalisierungseffekt, der auch die Augen freut. Die Containers werden zurzeit in zwei Normgrößen angeboten, der kleinere zu zwanzig Fuß Länge und 38 Kubikmetern Inhalt, der größere doppelt so lang und doppelt so voluminös. Mehr als eine Million solcher Einheiten verkehren schon auf den Weltmeeren, auf Schienen und Straßen; nochmals halb so viele wird der Weltgüterverkehr nach optimistischen Aufrechnungen in den kommenden fünf Jahren benötigen.

90

Wie ein Paul Klee im Großformat: Brückenbaustelle bei Santa Barbara, US-Staat Kalifornien. Alte Teppiche, die mindestens einmal täglich gründlich genäßt werden, halten die eben betonierte Fahrbahn feucht. Beim Erhärten von Beton verkitten sich Kies und Sand mit dem allmählich auf chemischem Weg entstehenden Zementstein. Dazu ist Wasser nötig, und es wird Wärme frei. Um einen guten Beton zu erhalten, schützt ihn der Baufachmann in der Erhärtungsphase vor Wasserverlust und schneller Abkühlung. Ganz besonders schaden dem jungen Beton direkte Sonnenbestrahlung und Zugwind; sie können Schwindrisse verursachen. Die in Kalifornien übliche Maßnahme ist zwar malerisch, aber auch etwas altmodisch. In Europa haben sich – eine Schweizer Entwicklung – spezielle Matten eingebürgert. Sie halten die beim Abbinden des Zements freiwerdende Wärme zurück und erübrigen die nachträgliche Zufuhr von Wasser. Das neue Verfahren ist wohl sparsamer, aber optisch auch recht monochrom: Guritherm-Matten sind vorläufig nur in grüner Farbe erhältlich.

69 70

75▸

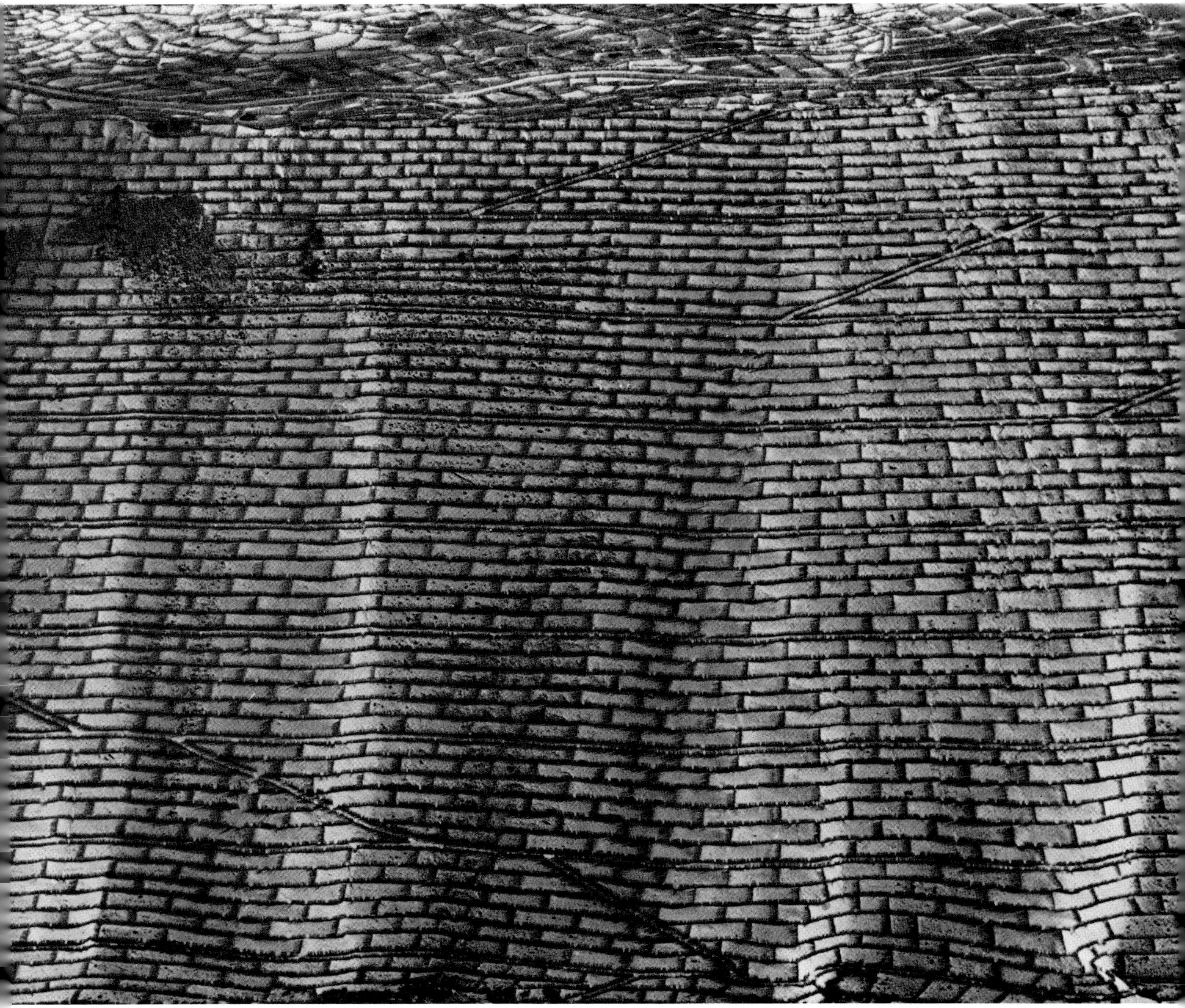

381
128
315
124

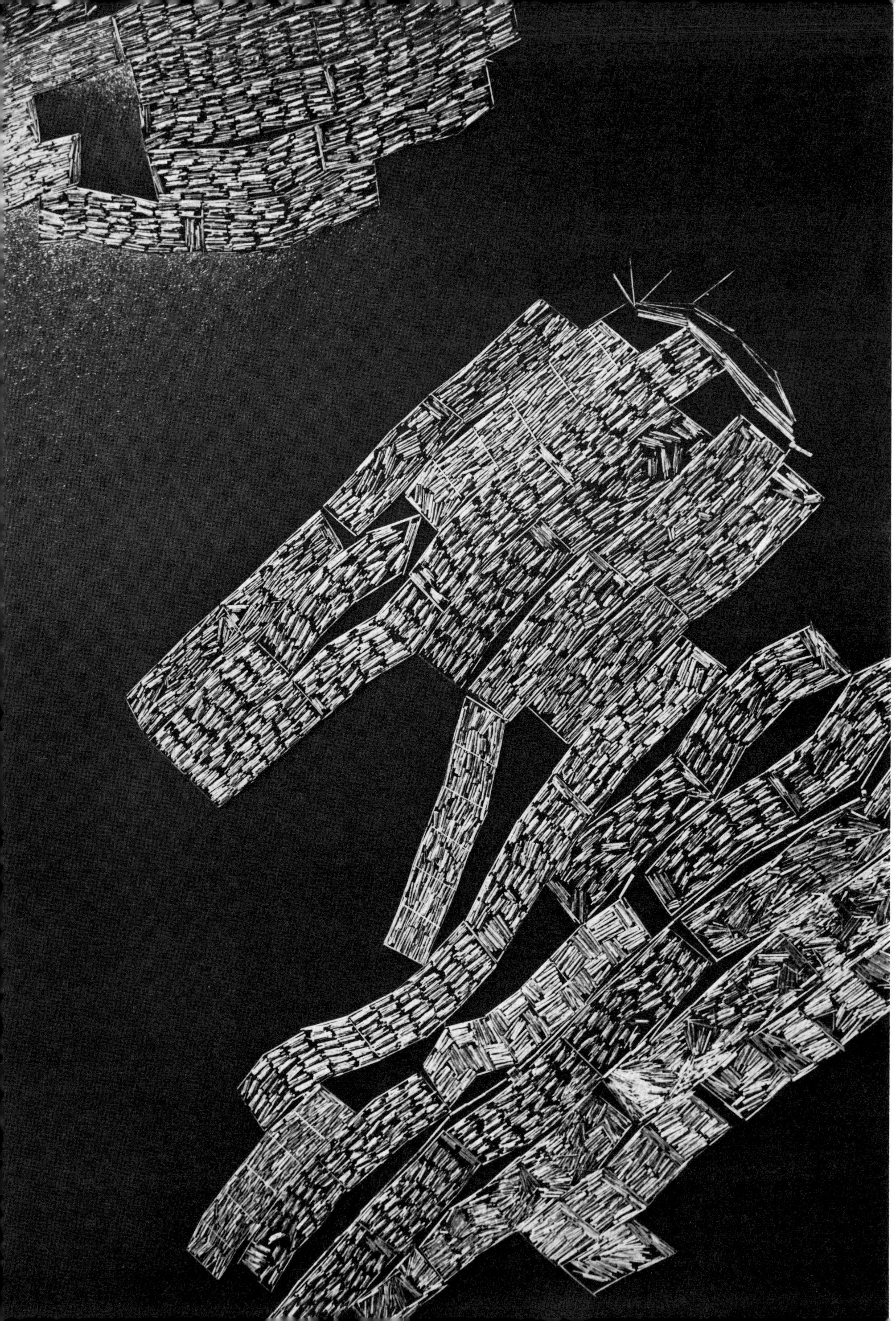

Salzgärten als Augenweide

Kochsalz, Natriumchlorid, ist für das menschliche Leben unentbehrlich. Zwar bringt der Zeitgenosse, der im Salzüberfluß lebt, wenig Verständnis auf für den biblischen Vergleich «Ihr seid das Salz der Erde»; oder für das Lob, das andere Religionen der würzenden, lebenserhaltenden und fäulniswidrigen Kraft des Salzes spenden. Aber *einem* Wort, das die alte Wertschätzung für das Salz über Menschenalter hinweg aufbewahrt, dem Wort für das römische «Salzgeld», wird auch er sich nicht verschließen: dem *salarium*, dem Salär...

Die Aera des Salzes begann mit der Erfindung des Kochtopfs: das Sieden laugte die in den Nahrungsmitteln vorhandenen Salze aus. Der Salzhunger der Menscheit entstand daher gleichzeitig mit dem Übergang zur Seßhaftigkeit und zum intensiven Ackerbau. Die Muster der Salzmacherei begleiten uns also spätestens seit der Jungsteinzeit. Aber erst seit wir unsere Werke auch von oben betrachten können, ist der prismatische Farbenaufruhr, den Algen und andere Mikroorganismen in der sich allmählich konzentrierenden Salzlösung bewirken, anschaubar geworden. Und es bedurfte der neueren und neuesten Malerei, um uns für ihre Schönheiten empfänglich zu machen.

Kochsalz gibt es auf der Erde an und für sich in Hülle und Fülle. In den Meeren allein ist ein Steinsalzäquivalent von fast fünfzehnmal der Masse Europas (über der Hochwasserlinie) gelöst. Aber diese ungeheuren Salzvorräte sind ungleich verteilt. In Küstenferne und abseits von Steinsalzlagern herrscht unter Umständen bitterste Salzarmut.

Macht besaß, wer den Salzhunger der andern stillen konnte, weil er Zugang zu Bergsalz hatte oder Salz aus dem Meer oder aus Solquellen gewinnen konnte. Vom österreichischen Salzkammergut, einem Zentrum der Salzindustrie vielleicht schon in der Jungsteinzeit, fächerten Handelsstraßen aus. Kraft des Salzes, und mit ihm, drangen Elemente der eisenzeitlichen Hallstattkultur bis weit nach Westeuropa vor. Aber nicht nur auf den unterbelichteten Bildern der Vorzeit zeich-
90 net sich der Machtfaktor Salz ab. Um die Salinen an der französischen

Atlantikküste, einem andern Mittelpunkt europäischer Salzversorgung seit gallo-römischer Zeit, führten die bretonischen Könige im 9. Jahrhundert Krieg. Die Verfügungsgewalt über die Salzvorkommen der Sahara war die Grundlage der afrikanischen Reiche entlang der Sudanstraße. Und die Bewohner des Hochlands von Puebla lehnten sich gegen das Salzmonopol der Azteken auf, indem sie mit den Spaniern gemeinsame Sache machten. Die alten und uralten Straßen, auf denen das «göttliche» Gewürz (so Homer) reiste, werden zum Teil noch heute begangen (Bild 32).

Die wichtige Rolle, die das Salz spielt, ist von Anfang an mitgeprägt durch seine fäulniswidrigen, konservierenden Eigenschaften, die namentlich in heißen Zonen eine vordem undenkbare Vorratshaltung (und damit die Voraussetzung für städtische Zivilisation) ermöglichten. In den Stollen von Hallstatt konservierte das Salz über Jahrtausende hinweg Holzreste der Verzimmerung, Kleidung und Werkzeug der Bergleute – und sogar die Knappen selber, die bei Grubenunglücken in ihm umkamen. Die Leichen wurden im 17. und 18. Jahrhundert als vermeintlich zeitgenössische Opfer geborgen und begraben: ein unersetzlicher Verlust für die urgeschichtliche Anthropologie.

Volksglauben und Kult schreiben dem Salz lebensfördernde, unheilabwendende Kraft zu. Und selbst die Wissenschaft hat neuerdings im Salz so etwas wie einen Garanten ewiger Jugend entdeckt: ein deutscher Biologe isolierte Bakterien aus sechshundert Millionen Jahre alten Salzlagern und erweckte sie in einer Nährbouillon zu neuem Leben.

91

Die Verdunstungsspirale *El Caracol*, «die Schnecke», bei Mexico City. In ihr konzentriert die Sodafabrik von Texcoco mit Hilfe von Sonnenschein die aus dem Untergrund geförderte Sole. Diese legt, dem Gefälle folgend, die 32 Kilometer bis in den Mittelpunkt der Spirale in etwa einem halben Jahr zurück und verdoppelt dabei ihre Dichte. Aus der Mitte wird sie in das Werk am Rande der Schnecke gepumpt. Die Fabrik gewinnt aus der Salzlösung das Soda; auch Kochsalz fällt an. Das Unternehmen prüft die Möglichkeit, die Spirale auch zur Eiweißerzeugung einzusetzen. Es experimentiert in den Außenwindungen mit einer salzliebenden Grünalge, deren Eiweißgehalt – etwa 65 Prozent – und mögliche Hektarerträge bei industriellem Anbau – bis zu 45 Tonnen – sie als Nahrungsquelle empfehlen. Private Initiative nützt darüber hinaus schon jetzt die Spirale zur Nahrungsproduktion. Die Salzarbeiter stecken in den Windungen von geeignetem Salzgehalt Zweige aus. An ihnen legt eine Wasserwanze ihre Eier ab. Die Zweige werden von Zeit zu Zeit eingesammelt und die Eier abgeschüttelt. Als eine Art Kaviar des armen Mannes erfreuen sie sich reger Nachfrage... Die Schnecke liegt auf dem Gebiet des Texcoco-Sees, eines von fünf Seen im Hochtal von Mexiko, die noch bei der Ankunft der Spanier in der Regenzeit zu einer einzigen Wasserfläche, dem «See des Mondes» der Azteken, zusammenflossen. Wasserbauliche Maßnahmen um die letzte Jahrhundertwende und der Wasserbedarf der Stadt Mexiko haben diese Verhältnisse radikal geändert: in der Trockenzeit ist der Texcoco-See eine trostlose, heiße Staubebene, auf der um die Mittagszeit kleine Tornados Allotria treiben; die Sommerregen verwandeln den Seegrund vorübergehend in einen Sumpf. Die hohe Verdunstungskraft der Sonne an dieser Stelle des Tals und der Umstand, daß der Texcoco-See einst die tiefste Stelle des Beckens einnahm, erklären die Vorräte an Salzen auf seinem Gebiet.

92

Salzernte bei San Diego, US-Staat Kalifornien. Die Erntemaschine – ein Löffelbagger auf Raupenketten – kratzt in den Kristallisationsbekken die Salzschicht ab und belädt die Feldbahn. Vor Gebrauch wird das Salz gewaschen und getrocknet, der für menschlichen Konsum bestimmte Teil umkristallisiert und weiter gereinigt. Die Kristallisationsbecken liefern je Jahr und Hektar 90 Tonnen Salz; ihnen sind freilich zehn- bis fünfzehnmal größere Konzentrationsbecken vorgeschaltet, in denen das Meerwasser jahrelang steht.

93–96

Konzentrations- und Kristallisationsbecken der industriellen Salinen in der Bucht von San Francisco und bei San Diego. Sonnenwärme dampft das in flache Becken gepumpte Meerwasser ein; die Salze verschiedener Löslichkeit kristallisieren nacheinander aus. An der Färbung, die Kleinstlebewesen in der Lake hervorrufen, liest der Salzmacher die Konzentration der Lösung, den Reifegrad des Salzes ab. Die Salzgärten an der US-amerikanischen Pazifikküste erzeugen jährlich über 1 Million Tonnen Kochsalz. Nur ein geringer Bruchteil davon kommt auf den Tisch. Gebraucht wird es zum Beispiel für die Herstellung von Kältemischungen, bei der Wasserenthärtung, in der Konservenindustrie, zum Einpökeln von Fleisch, zur Behandlung von Häuten, als chemischer Rohstoff. Der Grad der Industrialisierung eines Landes verrät sich in seinem Salzverbrauch.

97/98

Salzpfannen bei Massaua, Äthiopien, und Foundiougne, Senegal. Auch die vorindustrielle Salzmacherei schafft faszinierende optische Muster: in Afrika, und zwar im Osten wie im Westen des Kontinents, sind es kleingewerbliche Verdunstungspfannen, die sich im Luftbild wie zu der Farbpalette eines Malers zusammenfügen. Die Salzmacher bei Massaua lassen Meerwasser in künstliche Mulden einlaufen, jene bei Foundiougne nützen die jahreszeitlichen Schwankungen des Wasserstands im Mündungsgebiet und Sumpfdelta des Saloum, um die Pfannen mit brackigem Wasser zu füllen. Die Sonne konzentriert nicht nur die Sole, sie bleicht auch das geschöpfte Salz zu makellosem Weiß.

99/100

Die «marais salants» von Guérande, Frankreich. Europa weist keine zweite Salzgartenlandschaft auf, die mit der Eigenart, der Schönheit und nicht zuletzt auch der geschichtlichen Bedeutung der Salinen an der französischen Atlantikküste wetteifern könnte. Von dem einst zusammenhängenden Produktionsgebiet zwischen der Girondemündung im Süden und dem Golf von Morbihan im Norden sind wenige Reste übrig. Nur die Anlagen auf der Halbinsel Guérande in der Südbretagne geben noch eine Vorstellung vom Funktionieren der originellen «marais salants». Was sich dem Uneingeweihten als auswegloses Labyrinth von Kanälen und Prielen, Deichen und Dämmen, Absetzbecken und Verdunstungspfannen, als Augenweide zwar, aber vermeintlich bar jeder Funktionalität darbietet, ist das Erzeugnis von mindestens einem Jahrtausend Erfahrung in der hohen Kunst des Salzmachens. Ein vergleichsweise hoher Tidenhub und die sanfte Abflachung des Meerbodens schaffen an der französischen Atlantikküste eine breite Gezeitenzone, die die *paludiers* raffiniert für ihre Zwecke nützen. Meerwasser fließt unter dem eigenen Gefälle durch eine ausgetüftelte Folge von Speicher-, Konzentrations- und Kristallisationsanlagen; Schleusen regeln die Wasserzufuhr. Am höchsten und zuäußerst liegt das Speicherbecken, die *vasière*. Nur die Springflut kann sie füllen, normales Hochwasser steigt nicht bis zu ihren Einlässen. Den tiefsten und innersten Teil des Systems bilden die «Äuglein» *(œillets)*: je 80 Quadratmeter große Kristallisationsbeete, von deren Grund der *paludier* mit einem zähnelosen Rechen das Kochsalz löst (Bild 99): Das Jahr des bretonischen Salzmachers beginnt im Frühling. Die Becken und Beete müssen entwässert, Wälle und Böden der Becken, Deiche und Dämme gejätet, gereinigt, geglättet, geklopft und getreten werden. Im Juni, nach einer je nach Sonnenscheindauer bis zu sieben Wochen dauernden Vorkonzentration, erntet der *paludier* zum ersten Mal. Bei günstiger Witterung – viel Wind, viel Sonne – produzieren die «Äuglein» ohne Unterbrechung jeden zweiten oder dritten Tag bis tief in den September hinein, jedes bis zu drei Tonnen Salz. Auf den Dämmen zwischen den Beeten und auf dem Bord der Konzentrationsbecken trocknet das Erntegut, zu leuchtenden Kegeln angehäuft. Manchmal überwintert es dort sogar in einem Mantel aus Schilf und Erde. Niederschläge sind des Salzmachers übelste Widersacher. Ein Sommergewitter verwässert die Sole und verzögert das Reifen des Salzes um acht Tage. Ein Regensommer macht vollends alle Erntehoffnungen zunichte. Im Hochmittelalter stieg das atlantische Salz Frankreichs zu europäischer Bedeutung auf; die dänischen Könige lauerten den hansischen, preußischen und livländischen Salzschiffen mit dem begehrten «Baysalz» auf. Seit der Mitte des letzten Jahrhunderts zerfällt aber die Marktstellung der bretonischen Salzmacher zusehends sogar im Inland, die neuen Schienenwege halfen beim Vorstoß des lothringischen Bergsalzes und des Meersalzes aus den Salinen des Languedoc. Was nützte es, daß Kenner dem nicht ganz weißen Salz der Bretagne ein Veilchenaroma nachrühmen – die Konkurrenten, die den Duft nicht nachahmen konnten, imitierten zeitweilig wenigstens seine Farbe: sie gräuten ihr Produkt. Der Schrumpfprozeß der «marais salants» scheint unaufhaltsam, jedes Jahr erblinden neue «Äuglein», gegen die industrielle Salzgewinnung scheint kein Kraut gewachsen. Zurzeit bewirtschaften noch dreihundert Pächter oder selbständige Unternehmer rund 15000 «Äuglein». In Saillé («Hauptstadt des Salzes») werben die *paludiers* seit 1971 mit einem rührenden Museum, in dem Handwerk, Tracht und Leben der Salzmacher verewigt sind, um die Gunst der Reisenden. Symptom der erfüllten Zeit? Um die gleiche Zeit konstituierte sich freilich auch ein Verteidigungskomitee, das mit einer neuen Vermarktungsorganisation für das bretonische Salz verhindern will, daß eine Kulturlandschaft von besonderer Prägung und ihre Bewohner kampflos zu einem Stück Folklore herabsinken.

91

93–96

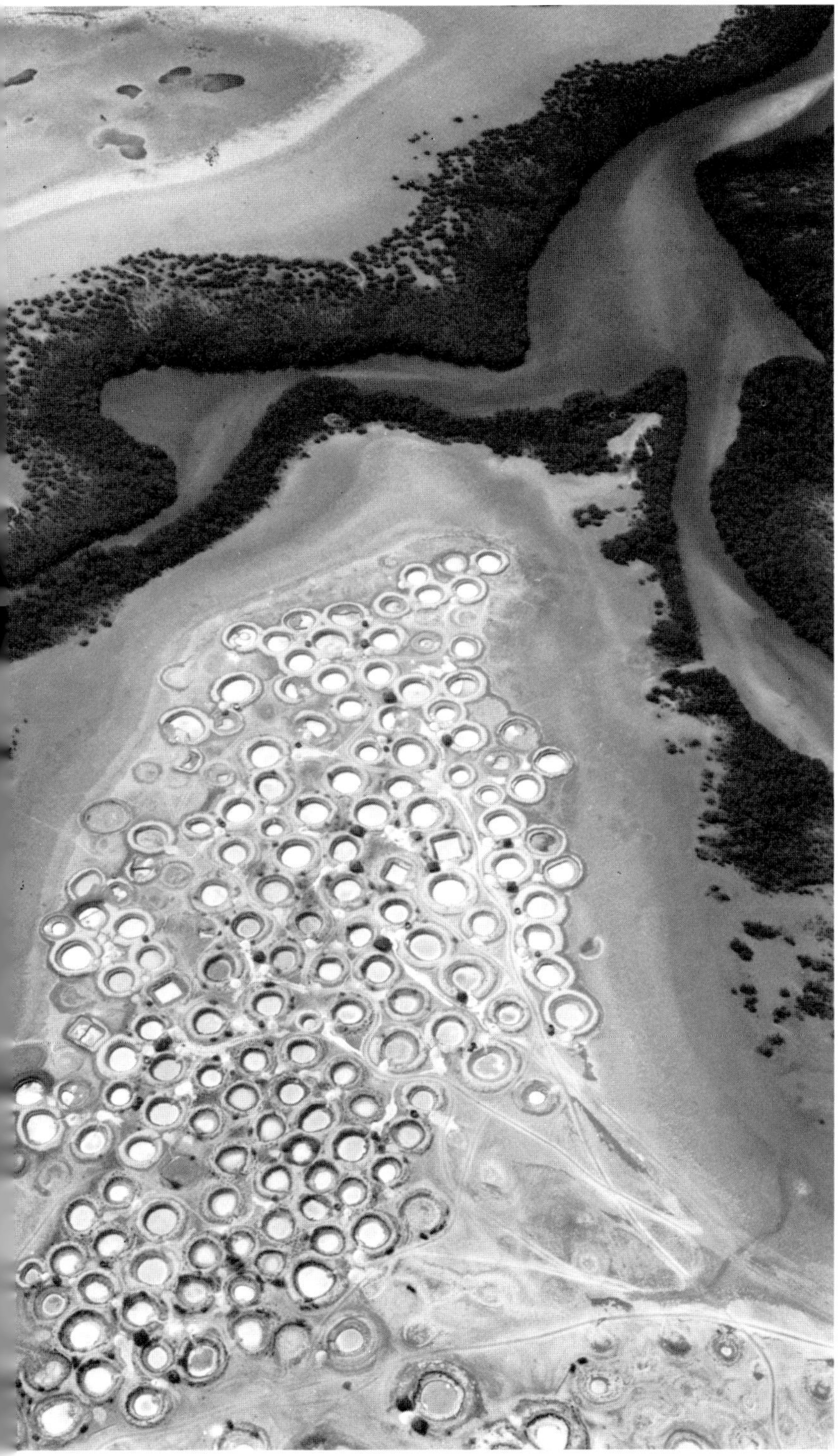

98

99

Landschaft aus Bauernhand

Der Bauer, der von der Fruchtbarkeit des Bodens zehrt, mehrt die Schönheiten der Erde aus der Vogelschau wie kein anderer. An plastischer, monumentaler Wirkung stechen einige seiner Werke sogar für unübertrefflich gehaltene Schöpfungen der Baukunst aus. Die Chinesische Mauer – was ist sie denn schon, verglichen mit den Reisterrassen von Banaue! Dazu zeichnet der Bauer unermüdlich mit Pflug, Egge, Mähdrescher und malt, je nach der angebauten Feldfrucht Farbe gebend. Palette und Formenarsenal der Weltlandwirtschaft erscheinen aus der Luft als gleich unerschöpflich. Die nachstehend vorgeführten Bilder begründen eine neue Wissenschaft. Mangels eines pompöseren Namens sei sie vorläufig Feldologie genannt: die vergleichende Betrachtung der Felder der Völker. Der Forschungsgegenstand ist reicher an Denkanstößen, als man zunächst glauben möchte. Erbgang, Flurverfassung, Maschinenpark, Geländeform, Fruchtfolge... welche der die Feldgestalt beeinflussenden Faktoren man auch immer isoliert – rechtliche, geschichtliche, betriebliche, bodenkundliche, sozioökonomische – fast immer bleibt ein weiter nicht mehr reduzierbarer «schöner Rest». Es ist, als ob der Bauer den Stein der Weisen gefunden hätte, mit dem er aus Erde auch Augen-Gold macht. Die künstlerische Wirkung geht bei ihm nebenher, sie unterläuft beim Anbau von Kartoffeln und Klee. Seit den sechziger Jahren sind nun mit Trara auch Vertreter einer gewollten Landschaftskunst am Werk (Bilder 176/177). Die artistisch absichtslose Pflichtübung des Bauern – muß man sie jetzt als Land Art vor deren Erfindung einstufen? Oder sind vielmehr die in Flur und Wüste tätigen Land-Künstler Nachzügler, Epigonen? Stellt man in Gedanken die Werke einander gegenüber, die unbemühten und die so bemühten, kann freilich kaum Zweifel aufkommen, wer wen – eben, buchstäblich – aus dem Felde schlägt.

100

101
Strohfeuer auf Seeland, Dänemark. In die Erntemuster, die der Mähdrescher auf den dänischen Inseln entworfen hat, ziehen alsbald Brände schwarze Fäden ein: das Feuer kriecht den Garbenreihen wie Zündschnüren entlang, wenn nicht die Brise es aufjagt und voranpeitscht. Gierig verzehrt es die Garben, sengt aber die Stoppeln dazwischen kaum an und zieht die Kleinlebewesen im Oberboden nicht in Mitleidenschaft. Das Abbrennen des Strohs auf den Feldern ist verhältnismäßig neu: die Arbeitskräfte fehlen, um das Stroh abzutransportieren; der reduzierte Pferdebestand und neue Methoden der Stallhaltung ohne Einstreu haben gleichzeitig die Nachfrage nach Stroh gedrosselt. Bleibt das Strohfeuer, das Kalzium und Phosphor der Halme in der Asche bewahrt. Die Verständigung der Brandwache ist vorgeschrieben, aber Verluste sind trotzdem unvermeidlich. «Gestern», meldete eine dänische Zeitung nach dem besonders «heißen» Tag, an dem diese Aufnahme entstand, «gestern verloren wir nur einen Hof.» Soviel Gelassenheit ist nicht jedermanns Sache, ganz unumstritten ist daher dieses Verfahren der Abraumbeseitigung nicht.

102
Reisanbauterrassen im Norden von Luzon, Philippinen. Die Reisbauern Süd- und Ostasiens wurden Weltmeister in der Kunst der Terrassierung, um auf Hängen Anbaufläche zu gewinnen und den Naßbau von Reis zu bewerkstelligen. Die Ifugao, ein altmalaiisches Volk, das vor zwei Jahrtausenden im Norden Luzons einwanderte, schreckte (und schreckt noch heute) auch vor den steilsten Hängen nicht zurück: sie schichteten aus grobem Geröll Terrassenmauern von bis zu fünfzehn Metern Höhe auf – für die Belohnung einer Terrasse von nur drei Metern Breite. Die Mauern steigen etwas über die Anbaufläche empor: sie dienen so gleichzeitig als Deiche und Wege. Das Wasser von Quellen und Flüssen erreicht die Felder in Kanälen und Bambusleitungen; es gleicht ein mögliches Manko in den örtlichen Niederschlägen aus. Die Reisernte fällt in den Juni und Juli; der Rest des Jahres gehört dem Anbau von Bataten. Im Gebiet von Banaue, dem Herzland der Ifugao, erreicht die Gesamtlänge der Terrassen diejenige des Erdumfangs; manche Berge sind über einen Höhenunterschied von fast tausend Metern künstlich getreppt. Die Obergrenze des Reisbaus liegt hier etwa bei 1700 Metern – und der Anbaufleiß der Ifugao schenkt der Natur auch nicht einen Meter.

103
Hirseanbauterrassen in den Mandara-Bergen, Kamerun. Wie Höhenlinien in einem Modell kurven die Terrassen dem Berghang entlang: Pathos und Intensität einer Kulturlandschaft, die die Kirdi (Bild 38) aus Not schufen. Aus den fruchtbaren Ebenen vertrieben, führen sie ein Berglerdasein auf kargem Boden. Mit Terrassen wehren sie dem Abspülen des Oberbodens. Im nordkamerunischen Bergland wächst die Hirse während der Regenzeit und wird Ende Oktober eingebracht.

104/105
Terrassen für Getreide-, Obst- und Gemüsebau im Gebirge Juda, Cisjordanien. Die judäischen Berge sind das Dach Palästinas – und ein Paradebeispiel für die Plackerei aus dem Auftrag, sich die Erde untertan zu machen. Die Mühsal verwandelt nicht nur Steine in Brot, sondern ebenso Berge in Skulpturen. Millionen Anbauterrassen, angelegt seit biblischer Zeit, zeichnen etwa die Hälfte der Gesamtoberfläche des judäischen Berglands aus. Die Terrassierung nimmt Rücksicht auf den Verlauf der geologischen Schichten – harter, dunkler, kantiger Kalke aus der oberen Kreide –, auf den Böschungswinkel des Abhangs, das Wasserdargebot, die Sonneneinstrahlung u.a. Möglicherweise entstanden die ersten Terrassen, wo eine Quelle sprudelte, wenigstens ein paar Monate lang jedes Jahr. Heute herrscht jedoch der Trockenanbau vor.

Nordhänge sind stärker terrassiert, weil sie, wegen geringerer Bestrahlung im Winter, feuchter bleiben und die Bodenbildung aus Verwitterungsprodukten sich schneller vollzieht. Siedlungen halten sich an die Kreten und Kuppen; die Bewohner nehmen das Ungemach einer solchen Lage in Kauf: sie schont die im Laufe von Jahrtausenden mühsam erworbenen Vorräte kultivierbaren Bodens.

106

Feld mit Kalifornischem Mohn *(Eschscholzia californica)* bei Lompoc, US-Staat Kalifornien. Die Blumen verwelken auf dem Acker, Maschinen ernten die Samenkapseln. Lompocs lange, regenlose Sommer schaffen für die Ernte ideale Bedingungen; das Tal erzeugt daher über die Hälfte des Weltbedarfs an Saatgut für Gartenblumen. Die zu einem Häubchen verwachsenen Kelchblätter, und vielleicht auch der Umstand, daß die Blüten sich spät öffnen und früh schließen, haben der kalifornischen Eschscholtzie den Spitznamen «Schlafmützchen» eingetragen. Trotzdem hat sie es, wenigstens eine safrangelbe Varietät, der Goldmohn, zu amtlichen Ehren gebracht: sie ist die Staatsblume Kaliforniens. Entdeckt wurde sie übrigens von dem Dichter und Botaniker Adelbert von Chamisso, der von 1815 bis 1818 mit Otto von Kotzebues russischer Expedition rund um die Welt segelte. Er gab ihr den Namen eines Reisegenossen, des Zoologen J.F. Eschscholtz.

107

Terrassenbau in der Präfektur Saga auf Kiuschu, Japan. Reisfelder und Mandarinenpflanzungen belegen die Geländestufen. Kiuschu, die südwestlichste der Hauptinseln, ist in ganz Nippon für seine Mandarinen berühmt.

108/109

Die Oasenlandschaft des Souf in der algerischen Sahara – und gleichsam ihr Archetyp. Vorstellungen, Gefühle, Erwartungen, die der Begriff «Oase» weckt: im Souf gerinnen sie zu *einem* Bild. Das Meer ohne Wasser schlägt hier hohe Dünenwellen. In tausend Kratern, die dem Sand abgerungen sind und mit gestaffelten Schutzzäunen aus Palmwedeln gegen den Flugsand verteidigt werden, drängen sich Grüppchen und Gruppen von Dattelpalmen, deren Kronen vielfach hinter dem Kraterrand verschwinden. Und zehntausend Kuppeln und Tonnengewölbe krönen El Oued, die Hauptstadt des Souf, ebenso wie seine übrigen Siedlungen und Einzelgehöfte (Bild 34). Da das Wasser nicht zu ihnen kam, gingen die Soufbewohner mitsamt den Palmen zum Wasser: sie pflanzten die Bäume auf dem Grund von Anbauschüsseln verschiedener Form, Größe und Tiefe so, daß die Wurzeln der Palmen in einen Sickerstrom unter dem Sand eintauchen. Ein Sieg über die Wüste also. In großen Mulden stehen zweihundert, dreihundert Palmen; im Süden des Oasengebiets kommen Tiefen bis zu fünfzig Meter vor. Die Palmgärten des Souf, die wie Schiffe die Brandung des Dünenmeers reiten, eignen sich zweifellos als Paradigma für die erfolgreiche Auflehnung des Menschen gegen die Ungunst der Natur. Doch behält die Wüste im Souf das letzte Wort. Die Ölfunde, die Verkehrsampeln, Einbahntafeln und Parkuhren in die Oasen brachten, bedrohen die traditionelle Dattelwirtschaft. Die Moped-Söhne haben das Siegen satt, schon die Anmarschwege zu den Gärten sind ihnen zu lang, von der Schinderei in den Mulden ganz zu schweigen. Krater um Krater fällt an den Sand, die Wüste nimmt für immer zurück, was ihr die Väter abgelistet und abgetrotzt haben. Zusätzlich dezimieren noch moderne Palmplantagen, aus Tiefbohrungen bewässert, die Altgärten: Überschußwasser aus der Tiefe alimentiert den oberflächennahen Grundwasserstrom. In manchen Altgärten steigt er: die Palmen ertrinken.

110

Teilansicht einer Foggara bei In Salah in der algerischen Sahara. Foggaras – außerhalb

Nordafrikas besser bekannt unter dem Namen *qanat* – sind horizontale Brunnen. Zu ihrem oberirdischen Erscheinungsbild gehören Reihen von Schachtöffnungen, meist soldatisch ausgerichtet, manchmal aber auch Krähenfüße bildend. Aushubmaterial umgibt jede Öffnung wie ein Kragen. Ob militärische Einerkolonne oder unordentlicher Krakel – die Öffnungen markieren den unterirdischen Weg eines Stollens von der Wasserfassung am Kopf oder an den Köpfen des Systems bis zum Austritt des Wassers in ein offenes Versorgungsnetz (etwa zur Bewässerung eines Palmgartens). Die Mutterbrunnen, die das Grundwasser anzapfen, sind in der Sahara bis vierzig Meter tief; in der Heimat der Qanats, dem iranischen Hochland, kommen sogar Brunnen von dreihundert Metern Tiefe vor. Der Stollen, in dem das aussickernde Wasser unter dem eigenen Gefälle abfließt, kann viele Kilometer, ja manchmal mehrere zehn Kilometer lang sein. In regelmäßigen Abständen führen Schächte zu dem Stollen hinunter – für die Entlüftung, zur Beseitigung des Aushubs, als Einstiegsloch bei Wartungsarbeiten. Der Bau einer Foggara von vier Kilometern Länge in einer mittleren Tiefe von zwölf Metern mit Entlüftungsschächten alle zehn Meter bedeutet einen Aufwand von achtundvierzigtausend Arbeitstagen. Eine Foggara ist zudem unterhaltsintensiv: das möglichst geringe Gefälle des Tunnels – ein Millimeter je Meter Laufstrecke – macht ihn für Schutt, der von der Decke abbröckelt, oder für Sand, der durch die Schächte hereinweht, überaus empfindlich – der Wasserstrom läuft ständig Thrombosegefahr. Sinkt die Schüttung, muß die Foggara verlängert, vertieft oder mit «Füßen» (Seitenstollen) wieder flott gemacht werden. Die Qanats, ein ebenso verzweifeltes wie geniales Verfahren der Wassergewinnung, wurden vor mehr als zweieinhalb Jahrtausenden in Persien erfunden. Qanats versorgten schon Ekbatana, die Hauptstadt der Meder, im 7. Jahrhundert v.Chr., und etwas später Persepolis. Die Perser, die aus der babylonischen Gefangenschaft heimkehrenden Juden, die Römer und die Araber verbreiteten die Qanats einerseits bis nach China, anderseits im ganzen Nahen Osten und in Nordafrika. Von dort brachten sie die Araber nach Spanien und die Spanier wiederum in die Neue Welt, nach Chile und Peru. Sogar unser Wort «Kanal» bewahrt eine Erinnerung an sie, das semitische *qanat* ist seine Wurzel. Im heutigen Iran liefern noch etwa vierzigtausend Qanats mit einer geschätzten Gesamtlänge von hundertsechzigtausend Kilometern Trink- und Irrigationswasser. Dagegen sterben sie in der Sahara. Mit keinen andern Mitteln als einer kurzstieligen Hacke und dem Füllkorb hatten die Foggarabauer sich in die Tiefe gewühlt, hatten vom Grund des einen Schachts mit den gleichen primitiven Werkzeugen einen Tunnel in Richtung des nächsten gebohrt. Hunderte müssen dabei umgekommen sein – verschüttet, erstickt, erschöpft. Die Maulwürfe des Foggarabaus waren Sklaven; die Ankunft der Franzosen in der großen Wüste setzte der Sklaverei – und den Foggaras ein Ende. Seit der Jahrhundertwende entstanden in der Sahara wenige Foggaras neu; die ererbten stürzen mangels Pflege eine nach der andern ein oder werden von Dünen überrollt. Die Gesamtlänge des saharischen Foggaranetzes soll zurzeit noch etwa dreitausend Kilometer betragen.

111

Reisernte im Niger, Republik Niger. Die Uferbewohner im großen Nigerknie betreiben seit Jahrhunderten eine archaische Form des Reisbaus. Sie züchten und verbessern die Sorten nicht, sie verpflanzen, düngen, jäten nicht, sie sehen sich nicht gegen Schädlinge vor, ja oft säen sie nicht einmal – halbwilde Varietäten von *Oryza glaberrima*, einem roten Naßreis, sind dann so gut wie ein Geschenk des Stroms. Wenn der Reis im Dezember erntereif ist, führt der Niger flußabwärts von

Timbuktu noch Hochwasser; der Reis wird deshalb vom Kanu aus mit der Sichel geschnitten. Zum Schutz vor Tieren werden Halme und Rispen – Paddy – am Ufer in Einfriedungen aus Dornengestrüpp zwischengelagert. Der Rote Reis, am Niger wahrscheinlich einheimisch, ist anspruchslos. Allerdings gibt er nicht mehr, als er verlangt: im besten Fall erntet der Reisbauer je Hektar 700 Kilogramm Paddy.

112

Ein wasserbaulicher Trick zur Steigerung der Abflußmenge auf Hängen: alte Schotterwälle und Feuersteinhaufen im Wadi Abiad bei Shivta, Israel. Ihre Erhaltung leidet unter der Benützung des Wadi Abiad als Panzerübungsplatz. Die rätselhaften Feuersteinhaufen – manchmal bis zu sechshundert je Hektar Hangfläche, insgesamt viele Hunderttausende rings um ein halbes Dutzend Ruinenstädte im Negev, dem «Südland» der Bibel – fielen Palästinareisenden schon im letzten Jahrhundert auf. Die Beduinen nennen sie *tuleilat al-anab*, «Hügelchen für den Weinstock». Dieser Bezeichnung wegen entgleisten die ersten Anläufe zur Lösung des Rätsels; mit Rebbau haben weder die Haufen noch die Streifen aus Oberflächenschutt unmittelbar zu tun. Förderten sie die Abschwemmung fruchtbaren Bodens in das bebaute Tal, waren sie also ein Verfahren, um eine kontrollierte Erosion herbeizuführen? Oder sollten sie das Mikroklima verbessern, vor allem Taubildung anregen? Auch diese – neueren – Fragen erwiesen sich als stumpf. Ein Team von Archäologen, Botanikern, Wasseringenieuren und Landwirtschaftsfachleuten unter Michael Evenari tastete sich zuletzt, schrittweise seit 1954, zu einer plausiblen Erklärung vor: die Steinbedeckung wurde abgeräumt und der Einfachheit halber zu Haufen in regelmäßigen Abständen oder zu Wällen zusammengekehrt, um den Ertrag der Hänge an Abflußwasser zu steigern. Der Regen verpappt den steinfreien Boden in Minutenschnelle zu einer fast undurchlässigen Gleitfläche, über die das Wasser, statt unter den Steinen zu versickern, beschleunigt in die für die Landwirtschaft allein geeigneten Täler abläuft. Die Schotterwälle leisteten einen zusätzlichen Dienst als Borde, die das Wasser zu vorgewählten Feldparzellen dirigierten. Experimente zeigten, daß die Tuleilat al-Anab bei einem kurzen Schauer – der für den Wüstensaum vorherrschenden Form des Niederschlags – die Hangerträge verdoppeln, ja verdreifachen können. Mit Hilfe einer so simplen Maßnahme unterhielten Bauern unter der Herrschaft der Nabatäer, Römer und Byzantiner, etwa seit der Mitte des dritten vorchristlichen Jahrhunderts, achthundert Jahre lang im Südland Felder, Rebpflanzungen und Obstgärten – ohne künstliche Bewässerung, auf nichts Besseres als schüttere Regen und kluges Gewußtwie vertrauend. Evenari machte die Probe aufs Exempel: er stellte bei Shivta, dem alten Subeita, und bei Avdat, dem alten Oboda, zwei Farmen mit allem wasserbaulichen Drumunddran von damals wieder her – und siehe da: in der Wüste fruchteten bald Aprikosen, Pflaumen und Pfirsiche, Granatäpfel, Mandeln und Oliven, Johannisbrot, Pistazien und Trauben.

113/114

Viehtränken in der Pampa, Argentinien: ein natürlicher Tümpel und ein mit Windmotor betriebener Pumpbrunnen. Die Pampa ist arm an Fließgewässern, aber reich an abflußlosen Mulden. Freilich kann sich die Weidewirtschaft nur begrenzt auf sie verlassen: manche salzen so sehr aus, daß ihr Wasser auch für das Vieh ungenießbar ist, andere trocknen in niederschlagsarmen Jahren aus. Die Viehzüchter haben daher für Rinder, Schafe und Pferde Tausende von Brunnen erbohrt: Windkraft hebt Grundwasser aus verschiedenen Horizonten in offene Behälter. Die Pampa ist Argentiniens wirtschaftliche Kernlandschaft, viehzüchterisch und ackerbaulich (Bild 119).

Das Meer aus Gras, das die Spanier um den La Plata-Trichter vorfanden – grenzenlos enttäuscht, weil sie Silber und Gold erwarteten – lebt nur noch im Gaucholied weiter. Pampa, ein Wort der Ketschua-Sprache, heißt soviel wie «baumlose Ebene» – und seit Darwin gibt es in der Geographie ein Pampa-Problem: War das Grasland zur Zeit der spanischen Kolonisation eine natürliche Vegetationsform? Oder hatten jagende Indianer in vorspanischer Zeit den Wald abgebrannt? Die Forschung neigt jetzt zur ersten Annahme: an der Baumarmut von damals war der Mensch unschuldig. Dagegen ist die Pampa von heute ganz und gar eine Schöpfung des Menschen – eingeschlossen sind sogar Schattenbäume für Vieh und Gauchos! Übernutzung zeichnet sich ab: eine Überzahl von Brunnen erschöpfen die oberflächennahen Grundwasservorkommen. Und der Ersatz der natürlichen Pflanzendecke durch Kulturgewächse, namentlich die anspruchsvolle Luzerne, vergrößert noch das Defizit im Wasserhaushalt.

115

Reste aztekischer Landwirtschaft – Chinampas – bei der Stadt Mexiko. Das Hochtal von Mexiko war immer arm an Land, das sich für intensive Bodenkultur eignete. Die sumpfigen Ränder der fünf Seen in dem von Bergen umstandenen Kessel und die Marschen zwischen ihnen forderten schon vor zwei Jahrtausenden den Erfindergeist der Stämme und Völker heraus, die hier siedelten. Sie antworteten mit beispielhaften Maßnahmen zur Entwässerung: Durch Abstechen von Morastboden und Auffüllen von rechteckigen Einfassungen aus Flechtwerk schufen sie künstliche Inseln, die Chinampas. Wasser strömte in die Ausstiche und verwandelte sie in Kanäle. Die Ränder der Chinampas bepflanzten sie mit Weiden; deren Wurzelwerk ersetzte zuletzt die künstlichen Borde. Die Azteken – Spätkömmlinge im Hochtal – mußten anfangs mit einigen armseligen Inselchen im Texcoco-See vorliebnehmen. Diese bauten sie jedoch mit Hilfe der Chinampa-Technik zu der schimmernden Hauptstadt aus, die später die Spanier als ein zweites Venedig bestaunten; und das Labyrinth der Chinampas auf den Flachseen erzeugte die landwirtschaftlichen Überschüsse als Voraussetzung für die militärische und politische Expansion der neuen Herren. Die inselhaften Überreste der Chinampas an der Peripherie und im Orbit von Mexico City versorgen heute die Großstadt mit Blumen und Gemüse. Das Bild zeigt ein Stück Chinampas-Landschaft am Rand des alten Chalco-Sees: die Grenze zu der natürlichen Tierra firme verläuft an vielen Orten wie mit dem Lineal gezogen. Die Orientierung des Gitterrasters, der durch den Bau der langen, schmalen Gärten entstand, stimmt mit der Orientierung des Straßensystems in der Ruinenstadt Teotihuacan überein. Bei den *chinamperos* hat man es noch jetzt mit einem wenig vermischten Rest des aztekischen Staatsvolks zu tun; untereinander sprechen sie ausschließlich aztekisch (Nahuatl).

116/118

Gemüsebau im Imperial Valley, US-Staat Kalifornien, und in den New Territories, Kronkolonie Hong Kong. Zwei Feldertypen – zwei Weltanschauungen! Dort das Diktat der Geraden, auf Bewältigung ausgerichtete Bodennutzung, Überwindung der Natur durch die Geometrie. Das Imperial Valley als ganzes ist ja der Wüste abgerungene Un-Natur, ein Triumph der Bewässerungstechnik. Hier die taoistische Einordnung in und Unterordnung unter die Landschaft, stilles Einverständnis mit der Natur, auf kosmische Innigkeit zielender Feldbau. Die Geomantik – *fêng-shui*, «Wind und Wasser» – wacht darüber, daß die Behausungen der Lebenden und der Toten mit den in jeder Landschaft spürbaren Strömungen des Welt-Atems sich im Einklang befinden. Ein Geomant wurde auch bemüht, wenn der chinesische Bauer die Grenzen neuer Felder festlegte. Der Erdbeschauer verwarf die Gerade als geistlos, die Geometrie als gottlos; Wege und Wasserläufe sollen sich winden – Einstimmung in das Gelände, Anpassung, nicht Widerstand, sind Garanten des Glücks.

117

Der Stern von Ensérune im Departement Hérault, Frankreich. 1247 erlangten drei Feudalherren aus der Umgebung von Montady und der Notar von Béziers von dem für das Wasser zuständigen Erzbischof in Narbonne die Erlaubnis, den Etang de Montady auszutrocknen und in Kulturland überzuführen. Die Strahlen des Feldergestirns, das sich aus dem Meliorationswerk ergab, sind Entwässerungsgräben. Optische und technische Wirkung der Anlage widersprechen sich also: der Meliorationsstern zerstreut nicht; vielmehr sammelt er. Die Dränwässer fließen, dem Gefälle der Gräben folgend, in einen Sammler im Mittelpunkt; von dort leitet sie ein Kanal, in einem Stollen den Hügel von Ensérune unterquerend, in einen benachbarten Etang (Flachsee) ab. Ein Statut legt Rechte und Pflichten der Besitzer des Neulands fest; seit dem 13. Jahrhundert wurde an ihm kein Iota geändert. Das *Syndicat Agricole* von Montady/Ensérune ist das älteste Frankreichs, eines der ältesten in Europa. Der Felderkreis ist leicht oval, eine Folge des Geländes. Durch Breiter- oder Schmälerwerden tragen dem die einzelnen Kreissektoren Rechnung: alle Parzellen sind gleich groß. Lange Zeit gehörten die über fünfhundert Hektar der Kreisfläche fast ausschließlich dem Rebbau. Seit 1956, als ein Kälteeinbruch, der einem Martinisommer folgte, schwere Schäden anrichtete, bemühen sich die Bauern um Diversifikation. Auf den Kreissektoren stehen heute Obstbäume, wachsen Tomaten, Mais, Sorgho und Luzerne.

119

Muster der Ernte in der Pampa, Argentinien. Was so die Pampa-Bauern im Südsommer spontan mit Landmaschinen in ihre Klee-, Weizen-, Mais- und Ölsaatenfelder zeichnen und malen, ist Nahrung zum Nachdenken – für Kunstproduzenten und Museumsleiter. Die Schönheit der Erzeugnisse auf den Feldern ist zudem gesegnet mit Vergänglichkeit. Oder sollte man vielleicht den Farmer mit einer Subvention dazu bringen, daß er den Mähdrescher Mähdrescher sein und an dem Punkt verrosten läßt, jenseits dessen ihm nur die Zerstörung seiner Schöpfung bleibt?

120

Feldervierecke im brasilianischen Gliedstaat Mato Grosso. Das Teppichmuster entsteht aus unreflektierter Landarbeit in der *terra roxa* – wo gegen den Rio Paranà hin der Gneissockel des Landes unter vulkanischen Schichten verschwindet. Der Bauer pflügt Bewuchs unter; die Abstufung der Rottöne widerspiegelt die Abfolge der Arbeitsetappen. Heller bedeutet soviel wie trockener. Es ist Vormittag, der Pflüger setzt am vierten Tag zur letzten Tranche an.

121

Ein Feldermosaik in der Provinz Wollo, Äthiopien. Nach der Regenzeit leuchten im Hochland noch die Nug-Felder, während der Bauer schon die Getreideäcker für eine zweite Ernte umbricht. Nug *(Guizotia abyssinica)*, eine Verwandte unserer Sonnenblume, ist Äthiopiens wichtigste Ölpflanze: ihre fettreichen Samen liefern ein geschätztes Speiseöl. Als einziges Gebiet im tropischen Afrika kannte Äthiopien schon in vorkolonialer Zeit neben dem Hack- auch den Pflugbau – Teil des von südarabischen Einwanderern ererbten Kulturguts.

122

Zitruspflanzungen bei Morphou, Zypern. Die Agrumengärten in der Mesaoria, der fruchtbaren Quersenke zwischen den beiden Bergketten der Mittelmeerinsel, bereichern namentlich das Frühstück der Briten mit Grapefruits, Orangen und Pomeranzen. Die Zitrusindustrie in Zypern ist jung, doch stößt sie bereits an Produktionsgrenzen. Morphou, das Hauptanbaugebiet für Zitrusfrüchte, leidet an ungenügendem Wasserdargebot: die Grundwasserreserven erschöpfen sich schnell, die Mesaoria («Landschaft zwischen Gebirgen») liegt im Regenschatten.

123

Kaffeepflanzung im brasilianischen Gliedstaat São Paulo. Der Nordwestabschnitt dieses Staats liegt außerhalb des klassischen Kaffeeanbaugebiets. Hier kommt die lehmige Roterde, in der der Kaffeestrauch gedeiht, neben ungeeignetem Sandstein nur inselhaft vor. Bodenkonservierende Maßnahmen ebenso wie die Geländeformen an und für sich bringen solche merkwürdigen, an Interpol mehr als an Plantagen erinnernde Muster hervor.

124

Ananasfelder auf der Insel Oahu, US-Staat Hawaii. Beim Anbau der Ananas beobachtet man auf dem hawaiianischen Archipel einen dreijährigen Zyklus: die erste Ernte fällt ins zweite Jahr, eine zweite ins dritte, dann werden die Pflanzen untergepflügt. Die Verarbeitungsbetriebe – Hawaii erzeugt mehr Ananasscheiben und Ananassaft in Dosen als jeder andere Konkurrent – sollen nur im Sommer für wenige Wochen ihre Tore öffnen müssen. Der Zeitpunkt der Ernte ist daher genau vorausgeplant. Je nachdem, ob beim Neupflanzen des Felds als Stecklinge Wurzelschößlinge oder «Kronen» (der Blattschopf auf der Scheinfrucht) verwendet werden, reifen die Ananas nach 18 oder 24 Monaten. Eine noch genauere Planung erlaubt das Begasen der Pflanzen mit Äthylen, das die Wachstumsperiode beendet und die Fruchtbildung einleitet. Die Graphik der Plantagen echot die betriebliche Optimierung. Jedes Feld ist doppelt so breit wie der Ausleger des Spritzwagens (zum Versprühen des Düngers und der Pestizide) und das Förderband der Erntemaschine. Die Rundungen sind auf den Wendekreis der Fahrzeuge abgestimmt. Jetzt redet man wieder viel von der technischen Verwertung der Sonnenenergie – und vergißt zu oft deren photochemische Nutzung in der Natur. Auch die fossilen Brennstoffe, derzeit und noch lange unsere Hauptenergiequelle, entstammen ja der Speicherung der Sonnenenergie durch die grünen Pflanzen, dem bei weitem wichtigsten chemichen Vorgang auf Erden. Die pflanzliche Rohproduktion verwertet im Mittel die Sonnenenergie zu etwa 0,1 Prozent, berechnet in Wärmeeinheiten. Verglichen mit diesem Mittelwert der Sonnenenergieumwandlung arbeitet die perfektionierte Ananasplantage – allerdings auch der unberührte tropische Regenwald – als eine etwa dreißigmal wirkungsvollere «Sonnenkraftmaschine». Um eine weitere Zehnerpotenz steigern läßt sich der Wirkungsgrad der photochemischen Speicherung von Sonnenenergie nur noch durch «Landwirtschaft mit andern Mitteln»: Grünalgenkulturen und Grünalgensuspensionen unter optimalen Bedingungen.

125

Erdnuß-Pyramiden am Stadtrand von Kano in Nigeria. Solche Pyramiden – aus Jutesäcken, die mit Erdnüßchen prall gefüllt sind, nach echter Pyramidenbauerart ohne Hilfe von Kran und Aufzug aufgeschichtet – trifft man vereinzelt überall im Norden Nigerias an, wo mehr als eine Million Kleinbauern jährlich durchschnittlich 700000 Tonnen Erdnüßchen ernten. Aber nur in Kano, das im Vorfeld der Sahara, des wasserlosen Ozeans, die Rolle eines Hafens spielt, treten sie zu ganzen Pyramidenfeldern zusammen. Kano dient auch für die in Niger geernteten Erdnüßchen, die in Übersee verarbeitet werden, als Transit- und Warteraum. Die Pyramiden sind also auf Abruf. Sie bereichern die Skyline der alten Hafenstadt nur so lange, als die örtlichen Ölmühlen und die Schmalspurbahn, die Kano und Lagos verbindet, mit den Erdnüßchen während der Erntezeit nicht so schnell fertig werden, wie sie anfallen. Jede Pyramide (auf einem zementierten Sockel) enthält in über zehntausend Säcken sechshundert Tonnen Nüßchen.

126
Bambusflöße mit Perlmuscheln in der Ago-Bucht auf der japanischen Hauptinsel Honschu. Die Auffassung, daß der Diamant eines Mädchens bester Freund ist, teilen wenige Japaner, seit Kokichi Mikimoto, eines armen Nudelmachers Sohn, kurz nach der Jahrhundertwende mit der Zucht der ersten sphärischen Perle eine Millionenindustrie begründete. Ein winziges Korn Perlmutt von einer Süßwassermuschel, operativ ins Mantelbindegewebe einer Perlmuschel eingenäht, regt künstlich die Perlbildung an. Die Bambusflöße, an denen die Drahtkörbe mit den geimpften Muscheln hangen, sind ein Charakteristikum der seichten, geschützten Buchten entlang der Schima-Halbinsel, dem Zentrum der japanischen Zuchtperlenindustrie. Je nach Wasserverhältnissen reifen die Perlen in drei bis sechs Jahren. Die Körbe werden von Zeit zu Zeit an die Oberfläche gebracht, um die Muscheln von Algen zu reinigen und ihren Gesundheitszustand zu überprüfen. Auch Taifunwarnung zwingt zum Heraufholen (und Evakuieren) der Käfige und ihrer Insassen. Kein Perlenzüchter vergißt beim Aufzählen seiner Erzfeinde die Wirbelstürme und die von Seebeben entfesselten Grundwellen. Allzu viele übersahen jedoch um die Mitte der sechziger Jahre einen noch viel gefährlicheren Gegner: gewinnsüchtige Hast. Vorzeitig geerntete Perlen erblinden nach wenigen Monaten. Überproduktion bei sinkender Qualität stürzte die japanische Zuchtperlenindustrie vorübergehend in die Krise.

127
Tabakanbau bei Medan auf Sumatra, Indonesien. Die Tabakpflanzer um Medan versorgen die Zigarrenhersteller der Welt mit dem besten hellen Deckblatt. Nur der siebte Teil des Anbauareals ist jeweils bestellt; sechs Jahre liegt der Boden zur Erholung brach. In den Scheunen aus Teakholz und Palmwedeln trocknen die geernteten Sandblätter auf Bambusgerüsten. Außer seiner Qualität ganz allgemein, dem Aroma und dem gleichmäßigen Abbrennen, ist es die Elastizität, die das hauchdünne Sumatra-Blatt zum Einwickeln der Zigarre empfiehlt. Die Pflanzer lassen sich die Vorzüge ihres Produkts, ein Geschenk von Klima und Boden, vergolden – und sorgen sich um schrumpfende Anteile in einem schrumpfenden Markt.

128
Austernmast bei Marennes im Departement Charente-Maritime, Frankreich. Die Mastparks *(claires)* liegen in der Trichtermündung der Seudre, die Durchmischung des Meerwassers mit Süßwasser schafft den für die Austern günstigsten Salzgehalt. Die Parks sind überwiegend aufgelassene Salzgärten (Bilder 99/100), Austernzucht hat an dieser Stelle der französischen Atlantikküste die Ausfälle infolge der serbelnden Salzerzeugung wettgemacht. In der Strömung schwimmende Austernlarven siedeln sich auf gekalkten Dachziegeln, Steinen oder Holzpfählen an, die im Wattenmeer zu diesem Zweck ausgelegt und ausgesteckt werden. Nach längstens zwei Jahren liest der Züchter die Jungaustern ab und mästet sie anschließend in den *claires* bis zur Marktreife. In Frankreich ist eine Auster beim Verkauf vier bis fünf Jahre alt. Feinschmecker rühmen der Marennes-Auster ein besonderes Aroma nach: sie erhält es – ebenso wie ihre typische Grünfärbung – von einer mikroskopisch kleinen Alge, die nur in den Becken von Marennes heimisch ist. Das Departement Charente-Maritime erzeugt jährlich sechs- bis siebenhundert Millionen Austern.

102 103

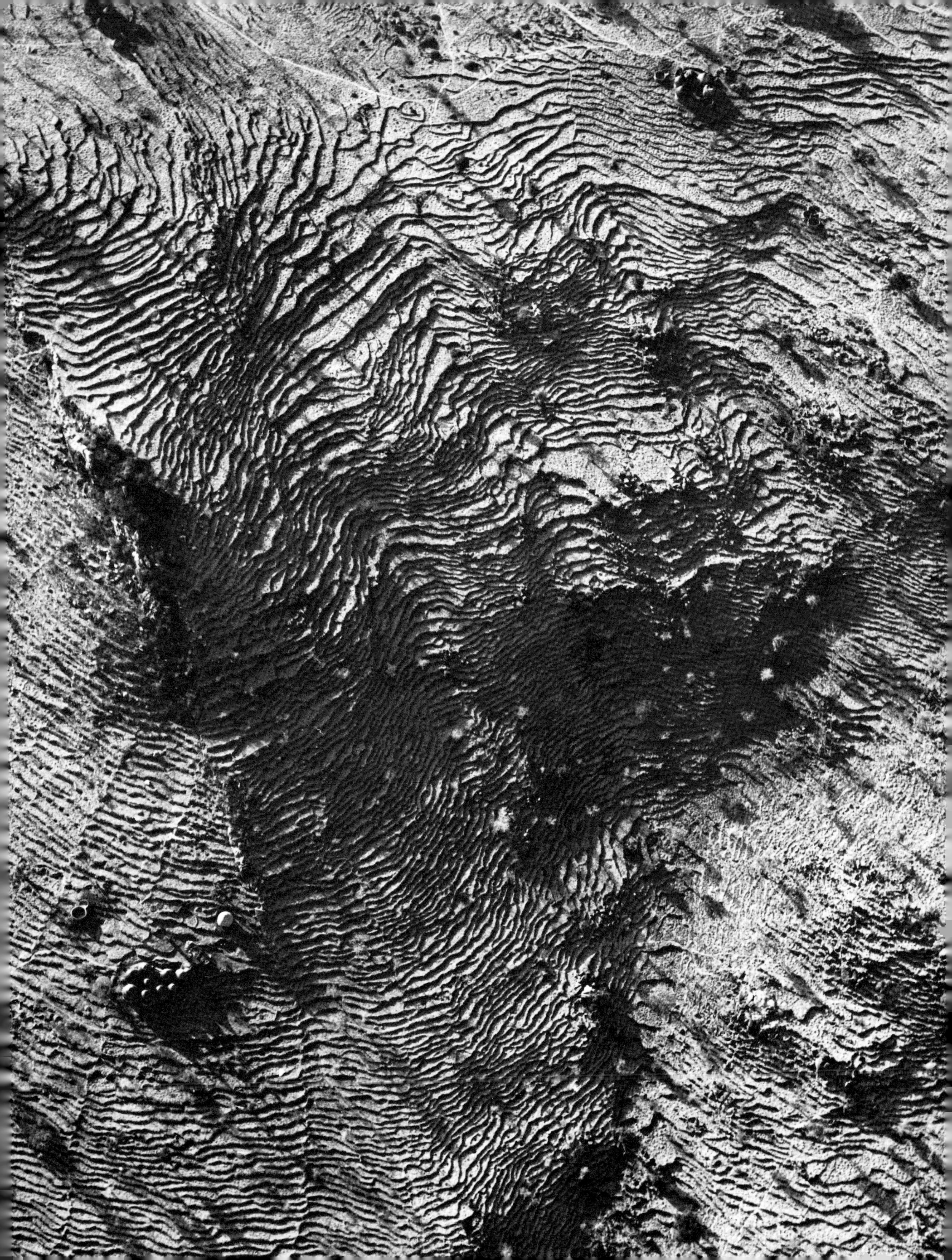

104

105

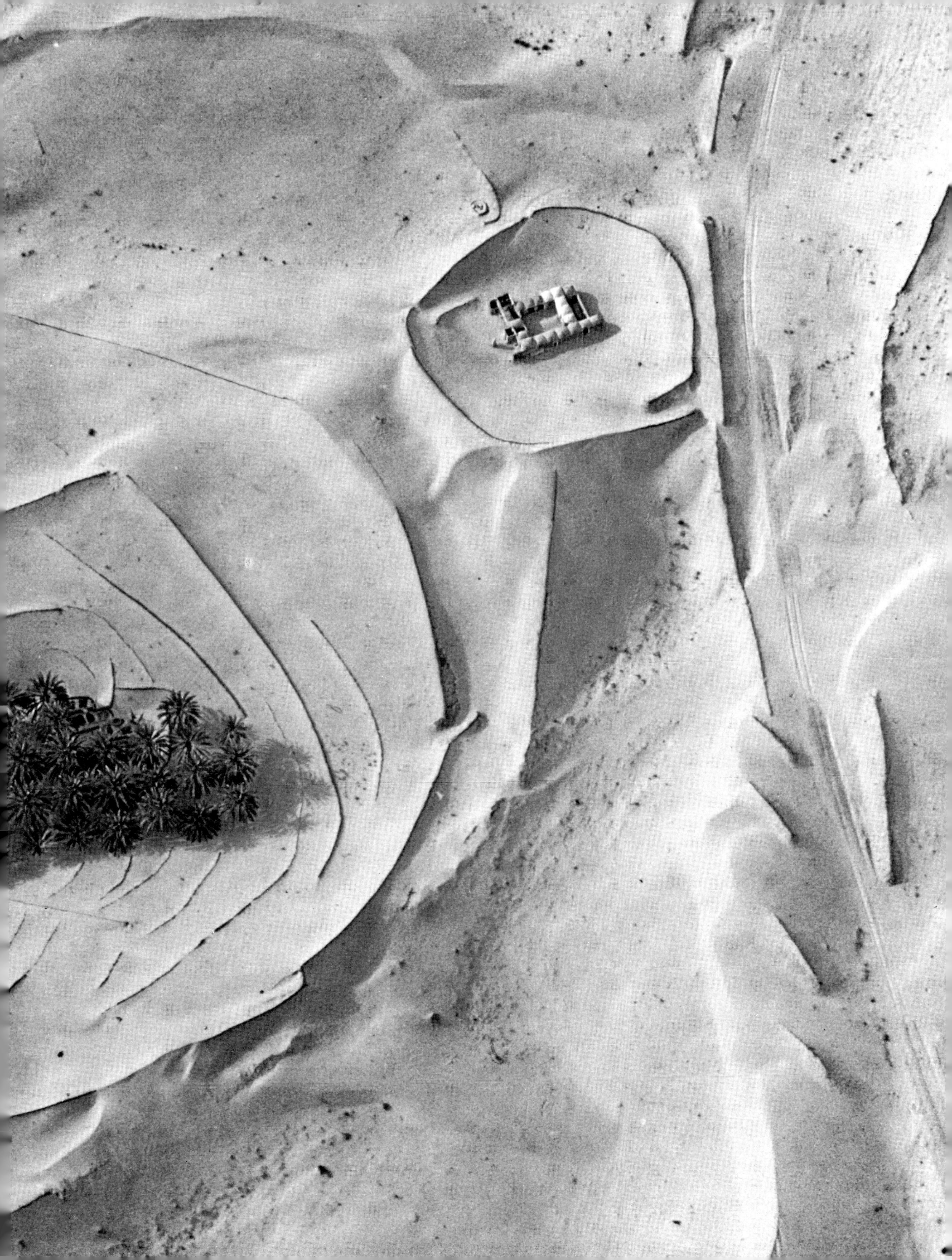

111 112

115 116

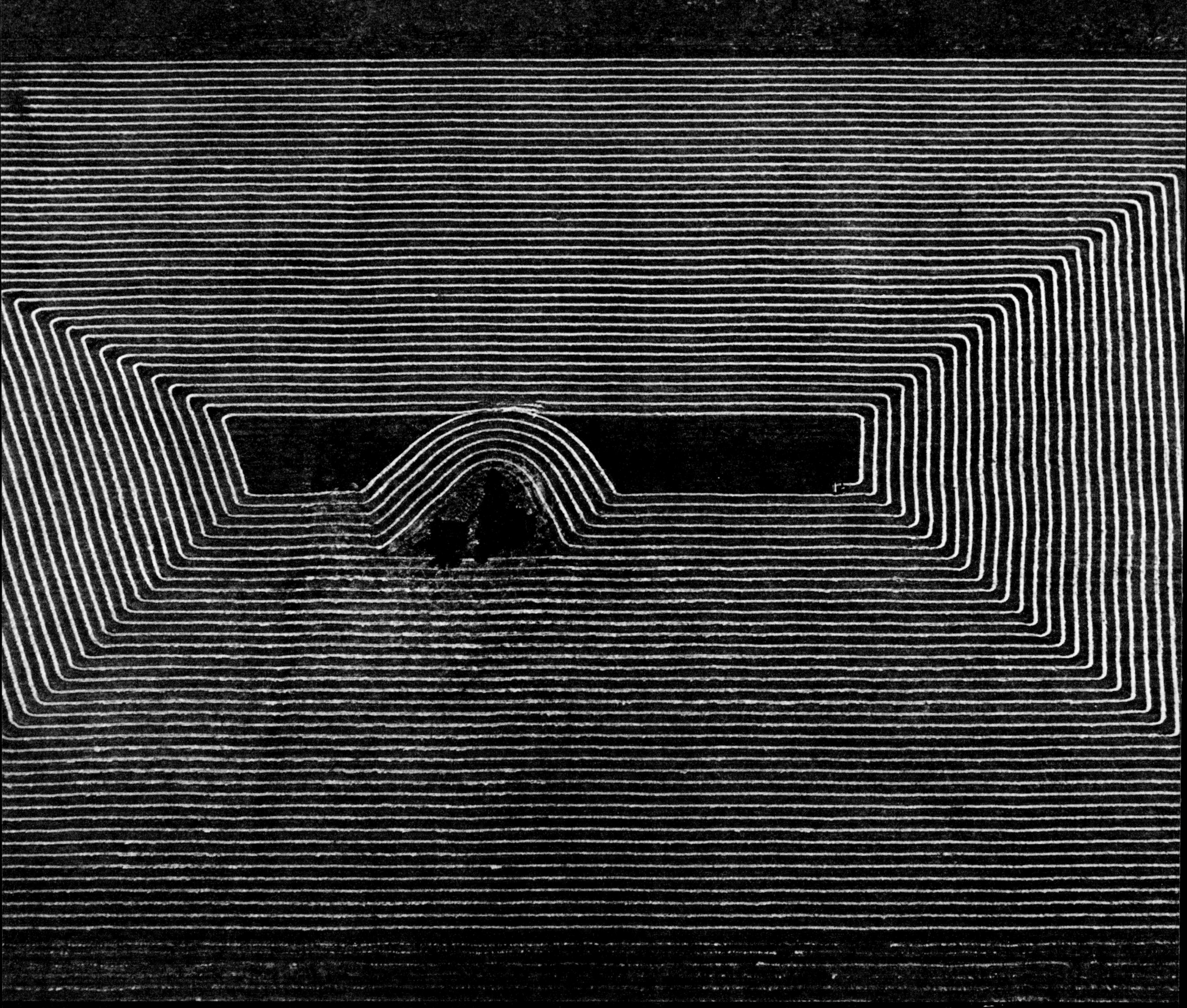

122 123 124 125

Flug über Nebraska

Der Mittlere Westen, Amerikas Brotkorb (und wohl auch der der Welt), erscheint dem Reisenden am Boden als Meilen und Meilen horizontloser Weite, skandiert nur von Kirch- und Wasserturm, Getreidespeicher und Silo. Langweilig? Aus der Fliegerschau bleibt diese Landschaft den Augen nichts schuldig, sie ist visuell so aufregend wie vielleicht keine zweite in den USA. Hier wird augenfällig: Bauernland ist Natur aus Menschenhand – und der Farmer kann durch rein produktionstechnische, die Erzeugung erhaltende oder fördernde Maßnahmen die Graphik der Landschaft in wenigen Jahrzehnten mehrmals umgestalten.

Das optische Fest über Nebraska rührt zum ersten und älteren von Maßnahmen her, mit denen der amerikanische Farmer, von bitteren Erfahrungen gewitzigt, dem Abspülen und Abwehen des Oberbodens wehrt, zum zweiten und neueren von Beregnungsanlagen, mit denen er die Fruchtbarkeit seines Bodens noch besser ausnützt.

Strip cropping, Streifenanbau, heißt die wichtigste der konservierenden Maßnahmen: Streifenanbau, auf Terrassen und entlang den Konturen des Geländes oder quer zur Richtung des vorherrschenden Windes, verhindert den Verlust von Humus, speichert Feuchtigkeit und steigert die Ernteerträge. In niederschlagsarmen Gebieten mit *dryfarming* (Trockenfarmen) ergab sich die Zebralandschaft von selbst, einerseits aus dem Zwang, zur Wiederherstellung des Feuchtigkeitshaushalts in den Fruchtwechsel regelmäßige Sommerbrachen einzubauen, und anderseits aus der quadratischen amerikanischen Vermessung: die einzelnen Landblöcke *(sections)* ließen vernünftigerweise nur streifige Unterteilung zu. In andern Landesteilen forcierten die Behörden der Union und der einzelnen Staaten seit den verheerenden Staubstürmen der dreißiger Jahre das strip cropping mit Erfolg: die Sorge um den Boden trug nebenbei Spannung und Schönheit ins vordem abgezirkelte Einerlei. Der Bauer als Künstler – oder, meinetwegen: als Graphiker. Hat er auch Augen für das Striptease seiner Felder? Sicher hat er die

Mittel, sein Werk von oben zu beschauen; mancher Farmer fliegt im eigenen Flugzeug vom Feld nach Hause oder zum Einkaufen in die Stadt. Nachdenklich stimmt die Beobachtung, daß hier und dort wahre Streifenorgien gefeiert werden. Da kann man dann nachrechnen, was irgendwie in Rechnung zu stellen ist: Windrichtung, Zusammensetzung des Maschinenparks, Hangneigung, Verlauf der Höhenlinien, Ansprüche einer bestimmten Feldfrucht – nie geht das Kalkül ganz auf. Der Rest heißt, vielleicht, schöpferische Unvernunft.

Unter die Streifen aus den vierziger und fünfziger Jahren mischen sich nun die Bewässerungskarusselle des sechsten und siebten Jahrzehnts, charakteristische Tupfen im jüngsten Gesicht der amerikanischen Agrarlandschaft. Am Siegeszug der kreisrunden Beregnungsanlagen in den Trockengebieten der Vereinigten Staaten von Amerika kann kein Zweifel bestehen: Auf jedem Flug von Küste zu Küste sieht man neue Bewässerungskarusselle, in den Staaten des Mittleren Westens und, jenseits des Felsengebirgs, in Kalifornien und den Staaten des pazifischen Nordwestens. Das Bewässerungskarussell – *center pivot irrigation* im Fachwelsch der Experten – wurde vor mehr als zwanzig Jahren erfunden. Mit dem Patent Nr. 2604359 schützte das amerikanische Patentamt am 22. Juli 1952 den «Self-propelled Sprinkling Irrigation Apparatus» (Beregnungsapparat mit Eigenantrieb) des Frank Zybach. Dem Erfinder und seinen ersten Lizenznehmern stand allerdings eine lange Durststrecke bevor. Aber seit gut fünf Jahren wächst die Zahl derer, die jenen 22. Juli für einen Tag der Revolution halten. Zurzeit sind in den USA etwa zwölftausend Anlagen in Betrieb, und zwei Dutzend Fabrikanten bemühen sich um weitere Kunden.

Jet-Perspektive verniedlicht die Karusselle zu Spielmarken. In Wirklichkeit handelt es sich um Anlagen von ansehnlicher Größe, jede eine automatisierte Farm. Die Standard-Anlage weicht nicht allzuweit von den 160 acres (etwa 65 Hektar) ab, die noch heute im ländlichen Amerika viel Ehrfurcht gebieten: Das erste der sogenannten Heimstätte-Gesetze verbriefte dem Amerikaner das Recht auf die Inbesitznahme von 160 acres Land, damals ausreichend für einen Familienbetrieb. Große Karusselle beregnen ein Mehrfaches der alten Heimstätte. Das größte – bei Yuma/Colorado – bewässert eine Kreisfläche von 520 acres (210 Hektar).

Der Schwenkarm mit den Regendüsen, der um den Mittelpunkt kreist, ist vielgliedrig. Jedes einzelne Glied hat ein individuell angetriebenes Fahrwerk; eilt es vor oder fällt es zurück, bringt ein Steuerimpuls, der den Motor ab- oder einschaltet, das Glied zurück in die Reihe. Die Druckleitung des Schwenkarms wird in der Mehrzahl der Anlagen aus einer Bohrung, möglichst nahe dem Mittelpunkt, mit Grundwasser versorgt. Einige Anlagen versprühen aber auch Wasser aus Fluß und See. Die Glieder sind gelenkig verbunden: An Unebenheiten im Gelände paßt sich der kreisende Arm an, nicht einmal Anbauterrassen bringen ihn zum Stehen. Die technisch fortgeschrittensten Systeme fahren auf Traktorreifen (mit minimaler Schädigung der Flur) und sind elektrisch angetrieben. Auf dem Steuerpult in der Mitte des Karussells wählt der Farmer die Geschwindigkeit – stufenlos von 20 bis 200 Stunden pro Umgang –, und am Brunnen stellt er die für die gewünschte Beregnungsdichte notwenige Wasserzufuhr ein. Den Rest überläßt er der Maschine. Diese kann sogar so programmiert werden, daß sie nur einen bestimmten Sektor des Kreises besprüht und dann abstellt oder umkehrt – wenn der Bauer beispielsweise auf der Kreisfläche mehrere Feldfrüchte mit unterschiedlichen Feuchtigkeitsansprüchen anbaut oder wenn der Kreis ein Hindernis wie etwa das Farmhaus einschließt.

Die Vorteile der Bewässerungskarusselle liegen auf der Hand: ihre Automatisierung spart Arbeitskräfte. Der Arbeitsaufwand bei konventionellen Bewässerungsanlagen mit Verteilgräben und Rieselrinnen ist zehnmal größer. Ein Mann kann bis zu dreißig Bewässerungskarusselle allein besorgen. Irrigationsspezialisten betonen überdies die sparsame Verwendung von Wasser bei diesen Beregnungsanlagen.

Nicht unerwartet sind jedoch die Anschaffungskosten der Anlagen hoch. In Nebraska schlägt ein Bewässerungskarussell der Standardgröße, zusammen mit einem Rohrbrunnen von 30 bis 60 Metern Tiefe, mit 30000 bis 35000 Dollar zu Buch. Im Mittleren Westen erinnert man sich denn auch da und dort stupender Pleiten; Farmer stimmten System und Beregnung ungenügend auf die Beschaffenheit des Bodens ab – Gefahr jeder Bewässerung – und bezahlten Unerfahrenheit und Unüberlegtheit mit katastrophalen Bodenverdichtungen. Heute ist das Lehrgeld beglichen – und ein Bewässerungssystem, das ursprünglich wegen des Einstandspreises hochwertigen Feldfrüchten und Gemüsen vorbehalten schien, erweist sich unter Umständen als wirtschaftlich sogar bei der Benützung der Karussellfläche als Viehweide. Kreditinstitute belehnen jetzt an vielen Orten die Karusselle ohne hypothekarische Sicherheiten.

Ein Unternehmer in der Nordostecke Nebraskas betreibt nicht weniger als hundert Bewässerungskarusselle. Die Konzentration in diesem Staat – jede dritte amerikanische Anlage befindet sich in Nebraska – hat gute Gründe. Daß der Erfinder dort lebt, sei nur am Rande angemerkt. Entscheidend ins Gewicht fällt der Reichtum Nebraskas an Grundwasser – und die von diesem Reichtum eingegebene Largesse. Wasserbohrungen sind in diesem Staat zurzeit lediglich meldepflichtig – noch nicht bewilligungspflichtig.

129
Zwei Bewässerungskarusselle zwischen North Platte und Imperial, US-Staat Nebraska. In der einen, dunklen Hälfte der Kreises wächst Luzerne, in der andern Mais. Der Bauer kann jede beliebige Pflanz-Kombination wählen, lediglich die Beschaffenheit des Bodens schränkt seine Wahl ein. Die unterschiedlichen Feuchtigkeitsansprüche verschiedener Feldfrüchte auf einem Kreis sind für die Beregnungsanlage kein Problem. Der Schwenkarm kann zum Beispiel so programmiert werden, daß er nach einem halben Umlauf wieder umkehrt.

130/131
Brachliegendes Feld bei North Platte. Zum Schutz gegen Verunkrautung, zur Verbesserung des Wasserhaushalts und zur Verhinderung der Abtragung durch den Wind wird das Feld, unbestellt, während der ganzen Vegetationsperiode bearbeitet. Ein Grubber mit Gänsefuß (d.h. einer breiten, flachen Schar) hinterließ die richtungsungeordneten Spuren im hellen Feldbereich. Jetzt arbeitet der Bauer mit einer Tandem-Scheibenegge, stets quer zur Neigung des Geländes fahrend. Die nekkische Bordüre des Stoppelfelds entsteht beim Wenden. Im Vorjahr wurde hier Weizen geerntet.

132
Die Farm des William Sturtevant bei Wauneta. Sie umfaßt 259 Hektar eigenes und nochmals halb soviel gepachtetes Land. Um Wasser zu sparen, wird auf Terrassen gepflanzt. Man praktiziert Fruchtwechsel: Weizen, Mais und Brache lösen einander (in dieser Reihenfolge) ab. Die Aufnahme ist ein Septemberbild: in die einstige Sommerbrache, in violett-bräunlichen Tönen, ist bereits der Weizen gesät; auf den stumpfgrünen Feldern reift der Mais; das Einbringen der Sorghumhirse – lebhaft grüne und frisch abgeerntete Felder – ist im Gang. Im Norden der Farm – linker Bildrand – beginnen die Badlands; sie entwässern in einen Bach namens Stinkendes Wasser, der in den Frenchman River mündet, einen Nebenfluß des Republican River. Soweit die Badlands eine Grasdecke haben, werden sie als Viehweide genutzt. Sorghumhirse und etwas Hafer liefern das Winterfutter für die Rinder, die dann außerdem noch die Stoppeln der Maisfelder abweiden.

133–136
Bilder einer Ausstellung – oder «nur» Feldergraphik? Für jeden Raster, für jedes Muster hat der Farmer einen guten Grund. Manchmal ist's freilich auch nur eine Entschuldigung. Bei der Bearbeitung eines Weizenstoppelfelds in Sommerbrache mit der Scheibenegge erzwangen Niederschläge mehrtägige Unterbrechungen (Bild 135).

137
Weizenanbau entlang den Höhenlinien *(contour farming)*. Die dunklen Felder sind mit Weizen bepflanzt; mit ihnen wechseln Weizenstoppelfelder ab, die den Sommer über in Schwarzbrache verbleiben. Sie tragen die Spuren der Bearbeitung mit der Gänsefußschar: diese trennt das Wurzelwerk von den Stoppeln, läßt die Stoppeln aber stehen, um der Winderosion zu wehren.

138
Die Agrarlandschaft bei Scottsbluff, Anfang Juni. Streifen- und Terrassenanbau von Weizen und Luzerne. Die hellen Streifen sind Brache oder mit Zuckerrüben bestanden, die eben ausgeschlagen haben. Die Streifen legen sich quer zum vorherrschenden Nordwestwind. Allerdings üben auch die Geländeform, der Bodenzustand und der Maschinenpark des Farmers Einfluß aus auf Verlauf und Abmessungen der Streifen. Die beiden Bewässerungskarusselle, mit Mais bestellt, sind Neuanlagen, noch ohne die Schwenkarme mit den Beregnungsdüsen. Jedes von Straßen eingeschlossene Geviert ist eine *section* – eine Quadratmeile (2,59 Quadratkilometer) groß.

139
Eine Farm bei Imperial. Sie besteht aus insgesamt fünfzehn kreisrunden Beregnungsanla-

gen, von denen jede das Viertel einer *section* einnimmt. (Derselbe Bauer besitzt noch zwei weitere Betriebe ähnlicher Größe.) Auf den hellflächigen Karussellen wächst Mais, auf den dunklen Gras und Luzerne. Auf zweien wird die Luzerne eben geschnitten. Auf einem weiteren Kreis – als Segment am unteren Bildrand – baut der Bauer Kartoffeln an.

140

Ein Bewässerungskarussell mit Luzernefeld. Die Beregnung nach Wunsch und Bedarf ermöglicht bis zu vier Ernten pro Jahr. Bei Vollfahrt – ein Umlauf in zwanzig Stunden – und einer Wasserzufuhr von 19000 Litern pro Minute beregnet eine zehngliedrige Standardanlage 54 Hektar mit 4,2 Millimeter Wasser. Bei extremer Langsamfahrt – ein Umlauf in zweihundert Stunden – kann die Beregnungsdichte fast verzehnfacht werden. Die Bodenfreiheit der Anlage nimmt Rücksicht auf hochwüchsige Pflanzen. Von jedem zweiten Karussell in Nebraska wird ja Mais geerntet. Die Fahrwerke zeichnen konzentrische Kreise in das Feld. Die Brunnen- und Pumpeninstallationen liegen außerhalb des Bilds, etwas vom Mittelpunkt der Anlage abgerückt. Die neue Bewässerungstechnik macht auch im Ausland Furore. Unter den ausländischen Interessenten finden sich Mexiko, Australien und Libyen; letzteres verwertet auf diese Art bei der Oasengruppe Kufra, mitten in der Wüste, ausgedehnte Grundwasservorräte.

141

Ein Schwarzbrache-Feld – vordem mit Mais oder Zuckerrüben bestanden – wurde mit einer Walzhacke bearbeitet, um das Abwehen des Oberbodens zu verhindern. Die Maßnahme genügte augenscheinlich nicht, das Luftbild verrät da und dort Verwehungserscheinungen. Der Bauer hofft auf Regen. Läßt ihn dieser im Stich, wird er noch andere Ackerbaumaschinen aus seinem Abwehr-Arsenal einsetzen müssen, um die Furchen zu vertiefen oder ihre Ränder zu überhöhen.

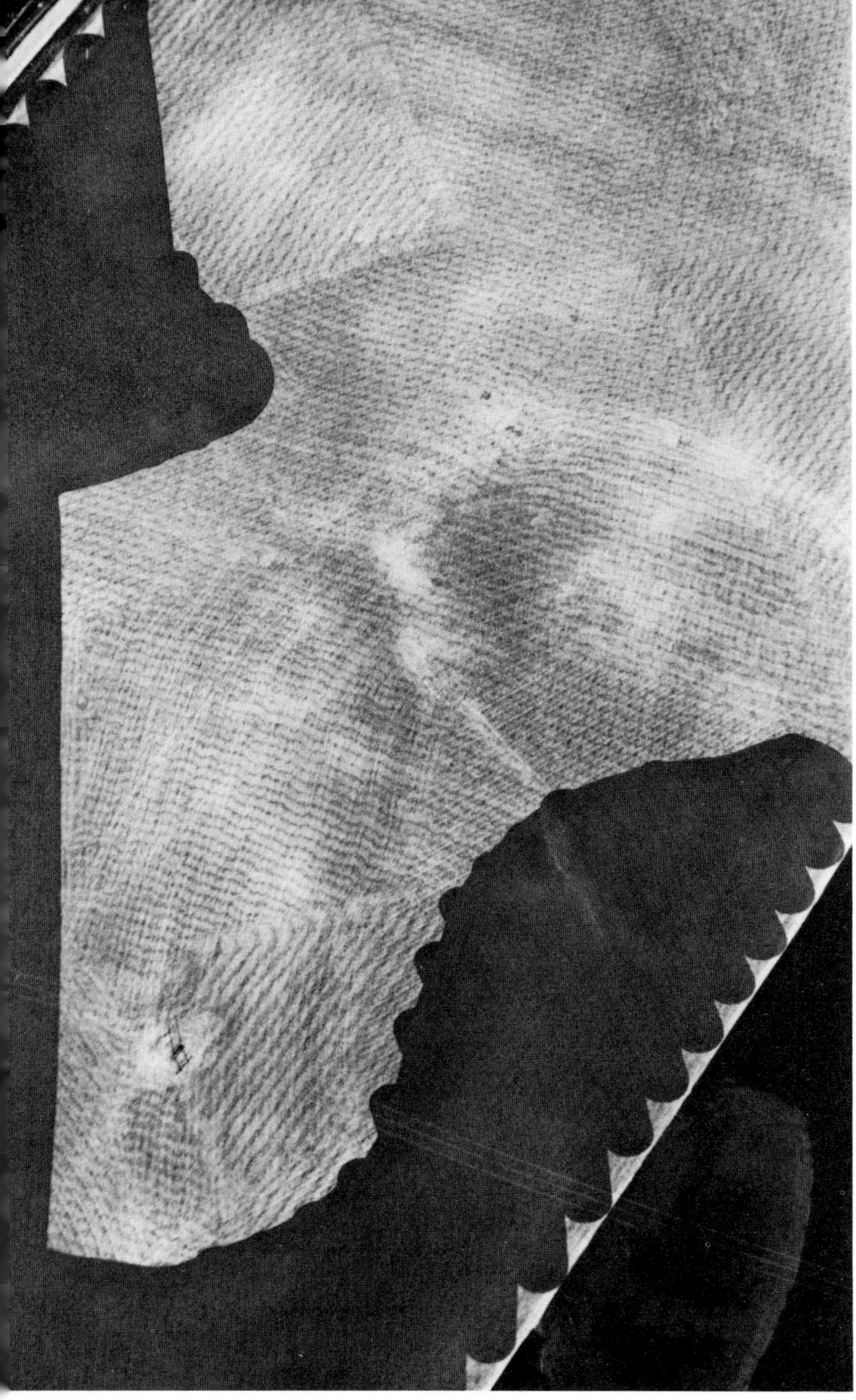

130

131

133-136

Archäologen gehen in die Luft

Ein gewisser Oberleutnant P.H. Sharpe machte die ältesten – bekannt gewordenen, weil veröffentlichten – Luftaufnahmen einer archäologischen Fundstelle: auf einem Übungsflug photographierte er 1906 vom Korb seines Kriegsballons aus den ehrwürdigsten und geheimnisträchtigsten Steinkreis aus Europas Vorgeschichte, Stonehenge (Bild 168). Die Aufnahmen erregten Aufsehen. Sharpe war freilich ein Glückspilz mehr als ein weitblickender Neuerer: Stonehenge war nur zufällig auf die Platte geraten.

Die ersten Luftbilder einer archäologischen Grabung stammen von Sir Henry Wellcome, einem Amateurarchäologen. Sir Henry, ein passionierter Bastler, ließ kurz nach 1910 einen Kastendrachen über seinen Privatgrabungen im Sudan steigen; am Drachen flog eine fernbediente Kamera mit.

Während des Ersten Weltkriegs nahmen die Archäologen erstmals systematisch die Dienste des Flugzeugs in Anspruch. Theodor Wiegand, in seiner damaligen Eigenschaft als Generalinspektor der Altertümer Syriens, Palästinas und Westarabiens, ließ nach 1916 die Piloten der deutschen Fliegerabteilung 300 für das Deutsch-Türkische Denkmalschutzkommando Zustandsbilder alter Stadtanlagen anfertigen. Carl Schuchhardt überredete etwa zur gleichen Zeit deutsche Militärflieger zu Luftaufnahmen von den sogenannten Trajanswällen in der Dobrudscha (Rumänien); das Flugzeug erhielt damals seine (heute überragende) Rolle bei der Limes-Forschung, d.h. der Erforschung der Grenzbefestigungen in den römischen Provinzen. Auf dieselbe Art wie Wiegand und Schuchhardt kam auch Friedrich Sarre zu lang ersehnten Luftaufnahmen mesopotamischer Ruinenstätten, namentlich Alt-Samarras (Bilder 147 und 169), die er schon vor dem Krieg vergeblich mit dem Einsatz eines Drachens angestrebt hatte. Ehre den deutschen Pionieren! Die Wendung zu einer Archäologie von oben lag allerdings, buchstäblich, in der Luft; auch auf der Seite der Entente gab es Piloten, die sich weniger für die Herstellung neuer als für die Ortung und Bewahrung alter Ruinen interessierten. Der englische Oberstleutnant G.A. Beazeley wußte sich vor Erstaunen über die Bewässerungsanlagen und Siedlungsreste kaum zu fassen, die er bei Flügen über dem Zweistromland mit überraschender Deutlichkeit unter sich sah. Ehe er abgeschossen und gefangen wurde, «entdeckte» er so Samarra – ein zweites Mal. Und der französische Jesuitenpater Antoine Poidebard empfing als Fliegerbeobachter die Anregung zu einer späteren fruchtbaren luftarchäologischen Tätigkeit im Nahen Osten ebenso wie in Nordafrika.

Das Flugzeug verschafft dem Archäologen Überblick, es ist sozusagen der Feldherrenhügel auf Bestellung, wo vielleicht die Natur keinen erhöhten Standpunkt anbietet. Als Schnell-Übersicht und als Ersatz für am Boden durchgeführte Vermessungen spart die Luftaufnahme Zeit und Geld. Anfangs erschöpfte sich denn auch ihr Nutzen mit dieser Möglichkeit. Bald aber zeigte sich, daß man die Überblick garantierende Vogelschau auch zur Suche nach archäologischen Fundstellen verwerten kann, die bei einer Geländebegehung keinerlei oder nicht mehr entzifferbare Oberflächenanzeichen erkennen lassen. Das Luftbild, das die für den Gründling überhaupt nicht erfaßbaren oder jedenfalls nicht im Zusammenhang deutbaren Bodenstörungen zu sinnvollen Mustern ordnet, macht den Archäologen wie röntgensichtig; mit seiner Hilfe sieht er sogar *unter* die Erde – auf die Grundrisse von Städten, Häusern, Befestigungsanlagen und Gräbern, auf Prozessionswege und Straßen, auf alte Feldsysteme und Flureinteilungen, die längst der Pflug überfahren und für den erdgebundenen Betrachter ausgelöscht hat. Sie kommen zum Vorschein, wenn schräg einfallendes Licht auch die kleinste Unebenheit im Gelände plastisch hervorhebt; sie schlagen durch in Bodenverfärbungen oder Bewuchsmerkmalen. Der Engländer O.G.S. Crawford, während des Krieges zwar Fliegerbeobachter über der Westfront, aber viel zu sehr mit Überleben beschäftigt, um vom Flugzeug aus auch noch Archäologie zu treiben, begründete in den zwanziger Jahren jene Luftarchäologie, die im Luftbild vor allem ein Mittel zur Prospektion sieht. Zusammen mit Alexander Keiller veröffentlichte Crawford im Jahr 1928 das Buch «Wessex aus der Luft». Der Geburtsort der neuen Methode war kein Zufall. Auf jenem Gebiet Südenglands, das die Briten gerne nach dem alten angelsächsischen Königreich Wessex nennen, und ganz besonders in dessen Kernlandschaft, den Grafschaften Dorset und Wiltshire, ist ein überwältigender Reichtum an vorgeschichtlichen Zeugen ausgebreitet, viele davon am Boden schon verblichen, aber aus der Luft noch lesbar wie Schrift des ersten Tags. Südenglands Waldarmut erleichterte zudem die archäologische Erkundung von oben. Auch hier war übrigens wieder der Krieg, zumindest mittelbar, der Vater der Dinge: die beiden englischen Pioniere machten die bahnbrechenden Bilder mit einer deutschen Beutekamera.

Mit Crawford startete die Archäologie zu dem Flug in die Vergangenheit. Er sprach von *shadow sites:* Fundstellen, die unter kleinem Winkel einfallendes Licht durch Schattenwurf aus dem Umgelände herauspräpariert; von *crop sites:* Fundstellen, die sich durch Unterschiede im Bewuchs, etwa durch Kümmerwuchs von Weizen über verborgenen Mauerzügen, verraten; und von *soil marks:* Bodenverfärbungen, mit denen sich unterirdische Gebäudereste, meist durch Feuchtigkeitsunterschiede in den überlagernden Schichten, abzeichnen. Crawfords Kategorien gelten – mit technischer Tüftelei verfeinert und bereichert – bis heute.

Man schmälert Crawfords Verdienst nicht, wenn man auf Vorläufer hinweist. Crawfords Entdeckung der Bedeutung von solchen Bodenmerkmalen für die archäologische Forschung hatte Folgen, er ist ihr Kolumbus. Aber auch diesem Kolumbus waren einige Wikinger zuvorgekommen. Das Wissen um Vegetationsstörungen über eingepflügten Hügelgräbern ist zum Beispiel in Nordfrankreich alt. Allerdings galten lange die Kreise spärlicheren Bewuchses im Volksglauben als *danse de fées*, als Tanzboden nächtlicher Geisterveranstaltungen. Aber schon im 17. Jahrhundert deutete der Kärntner Johann Dominikus Prunner von Sonnenfeld (1651–1719) den unterschiedlichen Wuchs des Buchweizens über dem Gemäuer der römischen Stadt Claudium Virunum (beim heutigen Klagenfurt, Österreich) richtig. Mangels eines Flugapparats mußte er für die Überschau noch mit einem Berg vorliebnehmen. Das gleiche Beobachtungstalent, den gleichen Scharfsinn, wiederum von einem Berg oder Hügel herunter geübt, legten später auch englische und französische Freizeit-Altertumsforscher an den Tag – lauter Vertreter einer Luftbildarchäologie *avant la lettre*. Der amerikanische Ballonflieger John Wise erblickte bei seinem 132. Aufstieg über Chillicothe/Ohio im Jahre 1852 klar die Konturen von Erdwerken, fand aber bei einer anschließenden Geländebegehung keine Spur der Umrisse. Er schloß daraus auf Bodenverfärbungen, die nur aus Ballonflughöhe erkennbar sind, und wies auf die Steigerung des Sehvermögens bei der Betrachtung der Erde von oben hin. Schließlich ging auch Sarre die Bedeutung von Bodenmerkmalen auf, als er die Luftaufnahmen von Samarra analysierte. Dessen Gassen und Gebäude machten sich auch da, wo die Lehmmauern abgetragen waren, deutlich bemerkbar, inbegriffen Spuren von Mauerzügen, die sogar den Topographen entgangen waren – «durch die Färbung des Erdreichs und durch die Verschiedenheit der Vegetation».

142
Bronzezeitliche Hügelgräber in einem Feld bei Avebury in der Grafschaft Wiltshire, England. Die Spuren der Erntemaschinen verraten Respekt – und Verzweiflung – des Bauern. Viele hundert solcher Hügel sind längst eingepflügt worden und leben bestenfalls noch in Boden- und Bewuchsmerkmalen auf Luftaufnahmen fort. Nicht der Bulldozer ist der Hauptfeind der englischen Archäologen, sondern Traktor und Tiefpflug, die ehemals der Weidewirtschaft vorbehaltene Böden umbrechen. Die «Europäisierung» Englands bedroht in alarmierender Weise Vielfalt und Vielzahl, beide unglaublich, des britischen vorgeschichtlichen Erbes.

143
Die Höhenburg von Hod Hill in der Grafschaft Dorset, England. Sobald und sooft die tiefstehende Sonne die von Schafen kurzgeschorene Grasnarbe auf Südenglands Hügeln kräftig modelliert, treten dramatisch die eisenzeitlichen Festungen als integraler Teil dieser Landschaft hervor. Die archäologische Karte für die südliche Hälfte Englands verzeichnet gegen 1400 solcher *hill forts* – eigentliche Festungsanlagen oder wenigstens bewehrte Einfriedungen, hauptsächlich aus dem zweiten Abschnitt der britischen Eisenzeit (350 bis 150 v.Chr.). Der immense Holzverbrauch beim Bau der Burgen – Fachwerk und Palisaden für die Erdwälle – trug wesentlich zu der radikalen Entwaldung der südenglischen «Downs» bei. In vielen Festungen nisteten sich die Römer nach der Eroberung Britanniens ein, die Fliehburgen wurden Zwingburgen. Auch in Hod Hill legten die Sieger, in der Nordwestecke der eisenzeitlichen Umwallung, im Jahre 45 ein *castrum* für Kavallerie und Infanterie an. Von hier aus überwachten die neuen Herren die Erbauer des keltischen Forts, die Durotrigen.

144
Knowlton Rings in der Grafschaft Dorset, England. Der Doppelring aus Wall und Graben wurde um 1800 v.Chr. gezogen. Der Umstand, daß der Graben dem Wall innenseitig folgt (wie bei den meisten andern bronzezeitlichen Henges, nicht allerdings bei dem berühmtesten, dem namengebenden Stonehenge, Bild 168), schließt den Gebrauch der Anlage zur Verteidigung aus. Die Einfriedungen entstammen vielmehr kultisch-magischem Denken. Die normannische Kirche aus dem 12. Jahrhundert – heute Ruine – im Mittelpunkt des Kreises brach den Bann. Oder suchte sie seinen Schutz? Sogar im Grundriß der Kathedrale von Canterbury – beziehungsweise ihres Vorläuferbaus, den die Normannen zerstörten – wollen Megalithforscher megalithische Maße und das Durchscheinen uralter Steinkreise erkennen.

145/146
Carnuntum, römisches Bollwerk am Donau-Limes, zwischen dem heutigen Deutsch-Altenburg und Petronell, Österreich. Kaiser Marc Aurel (161–180) bekämpfte zeitweilig von Carnuntum aus die aufständischen Markomannen und schrieb hier das zweite Kapitel seiner Selbstbetrachtungen. Die Bilder zeigen Grundrisse von Straßen und Bauten des Lagerdorfs, das sich vor dem Standlager der Legion, von diesem durch das Glacis, das Schußfeld, getrennt, unter ziviler Verwaltung zu einer eigenen Stadt auswuchs. Die unterirdischen, bei einer Geländebegehung unsichtbaren Mauerreste erscheinen im schnittreifen Weizenfeld als dunkle Linien; dagegen verschwindet die Zeichnung in dem Acker mit noch grüner Feldfrucht ganz. Nur Weizen reagiert empfindlich genug auf örtliche Schwankungen im Wasserhaushalt des Bodens: das kalkhaltige und vermörtelte Gemäuer aus der Römerzeit entzieht dem Boden über ihm Feuchtigkeit, die Frucht steht daher über den Mauerzügen weniger hoch und reift früher. Das Auflösungsvermögen dieser archäologischen Durchleuchtung genügt, um noch Mauern von nur dreißig Zentimetern Stärke erkennen zu lassen.

147

Der Palast des Kalifen al-Mutawakkil (847–861) in Samarra, Irak. Zwanzig Kilometer weit erstreckt sich am Ostufer des Tigris das ungeheure Ruinenfeld der einstigen Millionenstadt; sie gibt sich nur noch dem Flieger zu erkennen, die Anwohner haben das aufgehende Mauerwerk bei der Suche nach billigem Baumaterial bis auf Ausnahmen (Bild 169) abgetragen. Die Geschichte des alten Samarra ist unglaubhaft kurz. Der Abbasiden-Kalif al-Mutasim, der Sohn Harun al-Raschids, bezog es, Bagdads satt, im Jahr 838 als neue Residenz. Ein für die Zeit einmaliger Aufwand katapultierte die Stadt auf höchste Höhen des Ansehens. Namentlich al-Mutawakkils Paläste gaben zu reden. Auf dem Bild sein letzter, am Nordwestende der Stadt – in dem Mauerfünfeck, das mehr als ein Quadratkilometer einschließt, Thronsäle und Privatgemächer, Bäder und Pavillons, Gärten mit Wasserspielen, Häuser für Harem und Höflinge, Unterkünfte für Garde und Reiterei... Rechts auf dem Bild einer der beiden Kanäle, die Samarra und seine Bannmeile umarmten, das Stadtgebiet zur Insel machend. Lange, gerade Reihen von Entlüftungs- und Wartungsschächten verraten die unterirdischen Stollen der Wasserversorgung, die *qanat* (Bild 111). Samarra starb mit al-Mutawakkil, sein Nachfolger verlegte die Residenz wieder zurück nach Bagdad. Wie ein Meteor war es über den Himmel der frühislamischen Welt dahingeschossen und verglüht. Viele Zeitgenossen sahen in seinem Verfall eine Strafe des Himmels: al-Mutawakkil hatte frevlerisch die Grabstätte des Propheten-Enkels Husein in Kerbela zerstören lassen.

148

Sigiriya («Löwenfels») von König Kassapa (5. Jahrhundert) in Sri Lanka (Ceylon). Als Felsschöpfung hat seine Residenz, 180 Meter über dem smaragdgrünen Dschungel, nicht ihresgleichen: König Kassapas Beauftragte benützten den Berg nicht nur als Gründung für Aufbauten, sondern gestalteten ihn frei zur Architekturplastik um. Sogar die Felsblöcke, die unverrückbar am Fuß des Steilfelsens liegen, bezogen sie in die Gesamtanlage ein. Ein kolossaler Löwe aus Ziegeln und Stuck – seine Pfotenreste sind auf dem Bild, untere Mitte, erkennbar – bewachte den Zugang zu den Palastanlagen auf dem Gipfel. König Kassapa schwebte allem Anschein nach eine Art Götter- oder Himmelsberg vor, vielleicht als Postament für die eigene Majestät. Jedenfalls ließ er die ganze Westseite des Bergs mit Putz bewerfen und möglicherweise mit lauter Bildern von Nymphen bemalen. Kassapa war ein Usurpator und Vatermörder. Trotzdem hat Sigiriya nichts von einer finstern Fluchtburg; es ist Liebestraum mehr als Angsttraum – mit Swimmingpools, Lustgemächern, Badehäusern, Pavillons. Als der Rächer, ein Halbbruder, aus Indien herannahte, verließ Kassapa den Horst und suchte die Entscheidung in der Feldschlacht. Da verließ ihn sein Glück: um nicht in die Hände des Bruders zu fallen, gab sich der König selber den Tod.

149

Masada («Felsenfeste»), vier Kilometer vom Ufer des Toten Meers und 434 Meter über seinem Spiegel, in Israel. Herodes machte die Burg am östlichen Abhang des judäischen Gebirges zu einem gewaltigen Fort. Er legte eine Kasematten-Mauer um den Gipfel, baute Wehrtürme, Speicher, Kasernen, Zisternen, Zeughäuser und herrschaftliche Unterkünfte. Das Bild zeigt die Reste der königlichen Vorratshäuser und Bäder auf dem Burgfelsen und, auf drei Geschossen, die «hängende» Palastvilla des Bauherrn. Nicht umsonst ist heute Masada ein Symbol für den Selbstbehauptungswillen des modernen Judenstaats. Im jüdischen Freiheitskrieg gegen Rom (66–73) war Masada der letzte Stützpunkt: als ihre Lage aussichtslos geworden war, gaben sich die Belagerten – 960 Männer, Frauen und Kinder – im Jahr 73 selber den Tod, um nicht lebend in die Hände der Römer zu fallen. Die Bibel erwähnt Masada nicht.

150/151

Momentaufnahmen vom Rennen gegen die organisierte Sintflut, das der Bau des Hochdamms bei Assuan auslöste. Die Vergangenheit zu ertränken, um die Zukunft zu retten – dazu war Ägypten notfalls bereit. Vorher aber appellierte es an die kulturelle Solidarität der Völker. Der nubische Nil sah in der Folge bei internationaler Beteiligung den kostspieligsten Umzug aller Zeiten: Menschen und Monumente bekamen eine neue Bleibe fern vom Stauraum oder über dem Stauziel. Archäologen durchforschten gleichzeitig die fünf Jahrtausende dokumentierende Hinterlassenschaft von einem halben Dutzend Kulturen und Zivilisationen. Bild 150 zeigt Dschebel Adda, eine meroitische Stadt, die auch in Nubiens christlicher Periode, bis etwa 1500, wichtig blieb. Für die Bergungs- und Grabungsarbeiten steht die Uhr auf fünf Minuten vor Zwölf. Bereits hat der Stausee die Akropolis vom Festland abgetrennt, nun frißt er die an ihrem Fuß gelegenen Nekropolen aus meroitischer, christlicher, fatemidischer und mameluckischer Zeit. Bild 151, gleichfalls im Frühjahr 1968 aufgenommen, zeigt den Wiederaufbau des Großen Felsentempels von Abu Simbel in einer technisch kniffligen Phase. Der in Einzelblöcken aus dem Berg gesägte Tempel ist landeinwärts und höher – hochwassersicher – zusammengebaut; von der Fassade lächeln wieder die Sitzkolosse des Gottkönigs, Ramses' II., auf einen breiter und breiter werdenden Nil. Die Ingenieure erstellen die Beton-Kuppelkonstruktion, bestehend aus einem zylindrischen Kragen bei der Fassade und einem sphärischen Hinterteil, die die Auflasten des künstlichen Hügels ohne Gefahr für den Tempel ableiten soll.

152

Alte Feldsysteme bei der Stadt Turi in der Wüste Atacama, Chile. Turi, in den Vorbergen der Kordillere 3070 Meter hoch gelegen, war die bedeutendste Siedlung der Atacameños in vorkolumbischer Zeit. Etwa hundert Jahre vor der spanischen Conquista überrannten die Inka ganz Nordchile. Bis heute haben sich Spuren der Fremdherrschaft in Turi erhalten. Nicht zuletzt dürfte das Skelett ausgedehnter Feldsysteme vor der Stadt auf die anbaubesessenen Eroberer aus dem Hochland zurückgehen. Die Felder sind jetzt wieder vom Flugsand verweht, nur ihre Grenzen sind noch von oben erkennbar.

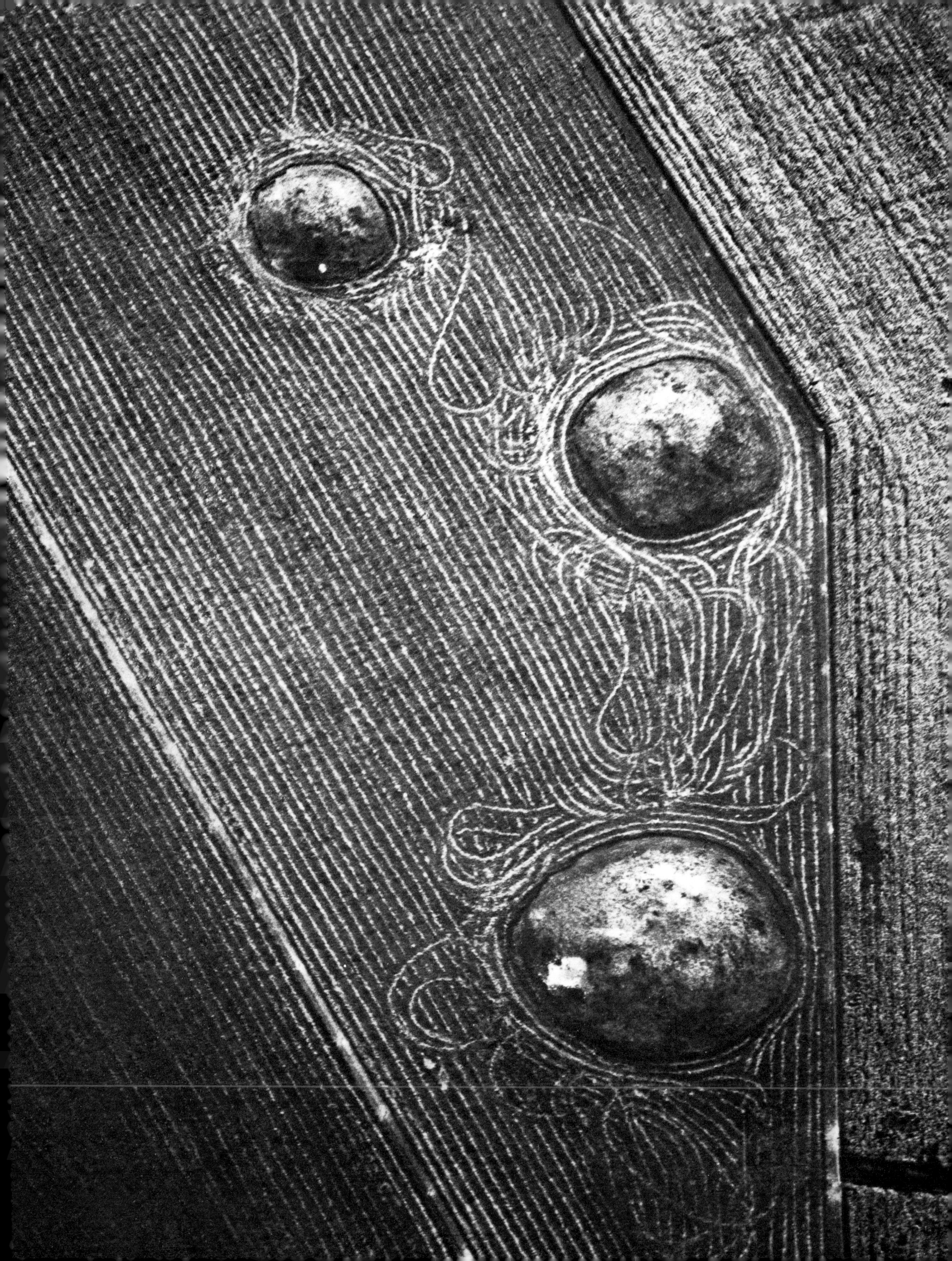

145 146
147 ▸

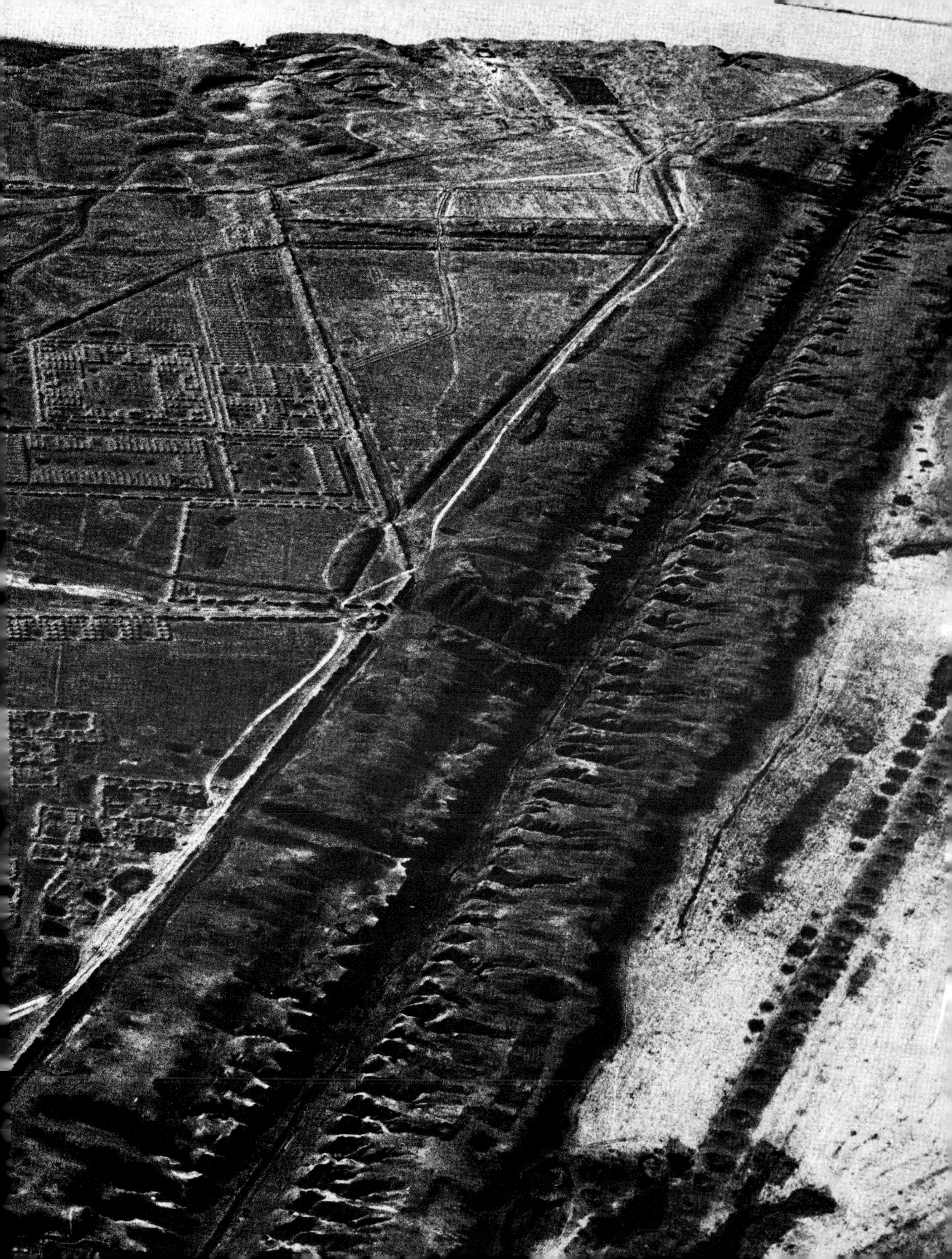

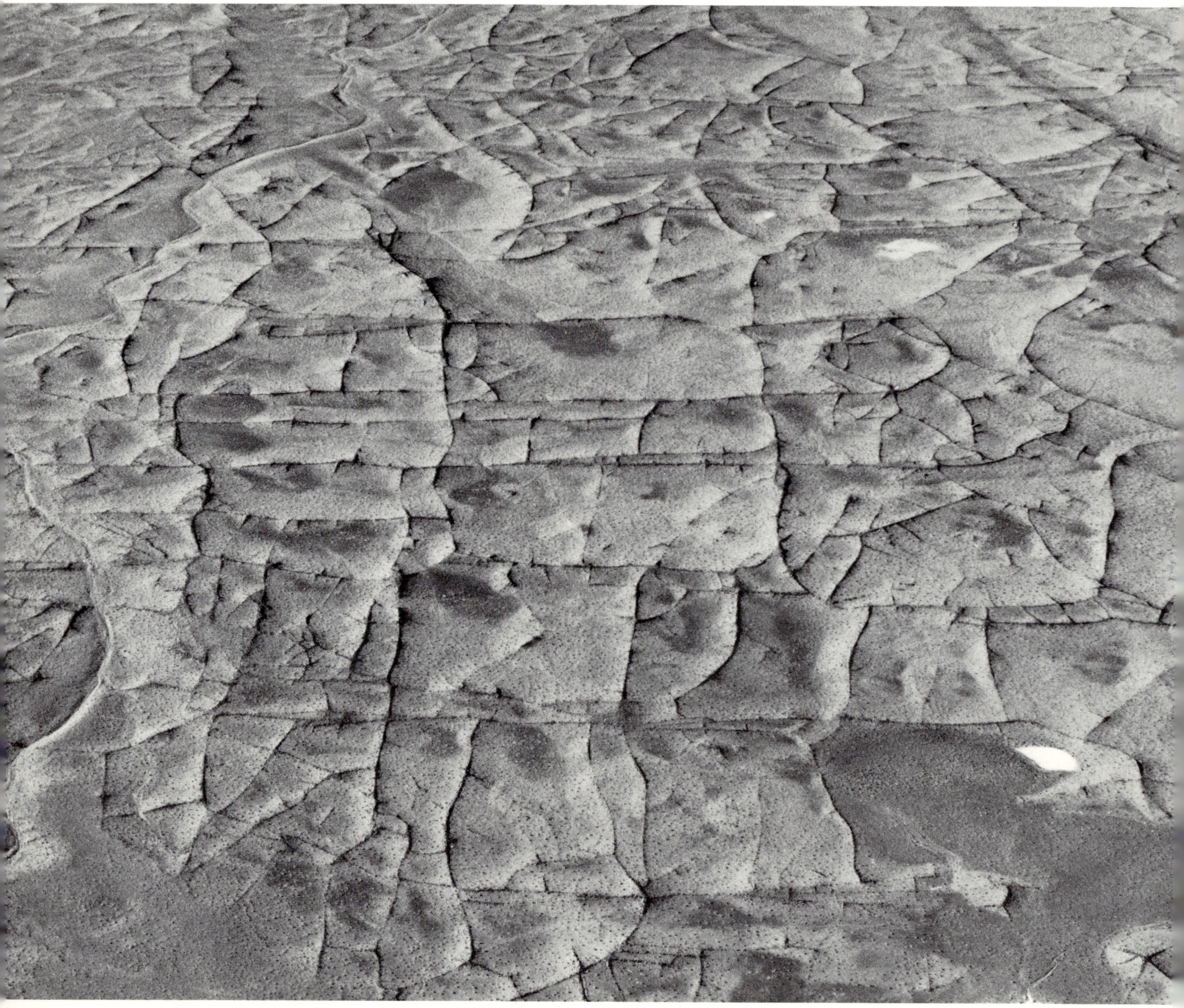

152

Biblische Städte und Stätten im Flug

Palästina kam früh zu Luftbildehren: während des Ersten Weltkriegs operierten Fotoflieger für das Deutsch-Türkische Denkmalschutzkommando über dem Sinaigebiet und dem Negev, dem «Südland» der Bibel. Das Flugzeug – manchmal auch nur Ballon oder Drachen – ist seither aus der archäologischen Arbeit nicht mehr wegzudenken – dort, im Lande kultisch begründeter Vorliebe für den Hohen Ort, schon gar nicht. Gleich den Archäologen heute wußten auch die Könige damals den Vorteil eines erhöhten Standpunkts zu schätzen. Wie also ohne fliegerische Hilfsmittel auf die Bauten hinunterschauen, die sie hinterließen – auf die Akropolen von Salomos «Wagenstädten» etwa oder auf Burg und Grab des Herodes? Der Flug in die Vergangenheit lohnt über Palästina mehr als irgendwo sonst: im maßgebenden Hinblick auf ein unvergleichliches Experimentierfeld der Geschichte, das der biblische Leitfaden unvergleichlich erschließt. Das Motto «und die Bibel hat doch Recht», eine läppische Verwechslung von Rechthaben und Wahrsein, darf dabei entfallen. Ein Palästinaflug setzt auch landschaftlich Maßstäbe. Wie blankes Silber blitzen die Hügel von Samaria. Galiläa präsentiert sich als Blumenteppich. In der Ferne schwebt der schneebedeckte Hermon über dem Berg Tabor: «Tabor und Hermon jauchzen in Deinem Namen» (Ps. 89,13). Und das Gebirge Juda (Bilder 103/104) lobt unvergeßlich Bauernfleiß und Bauernschweiß.

153
Der Dschebel Mussa («Mosesberg»), ein Gipfel in der Granitwildnis Südsinais. Mit 2285 Metern über dem Roten Meer ist er der höchste nicht, aber seit sechzehn Jahrhunderten verehrt die christliche Überlieferung in ihm vor allen andern den Gottesberg, auf dem Jahwe dem Moses erschien und mit den israelitischen Stämmen den Alten Bund schloß. Am Vortag der Aufnahme ist Schnee gefallen – ein Hauch nur, aber auch so noch ungewöhnlich genug, selbst für einen Dezembertag.

154
Der Ruinenhügel des alten Jericho (Tell es-Sultan), Cisjordanien. Der ganze, zwanzig Meter hohe Tell besteht aus Siedlungsschutt. Keine andere Stadt der Erde kann sich an Alter mit Jericho messen: in der tiefsten, mit den auf dem Bild sichtbaren Sondiergräben erschlossenen Schicht, stieß man auf die ältesten bisher bekannten Steinhäuser und Stadtbefestigungen – aus dem 8. Jahrtausend vor unserer Zeitrechnung. Freilich hat fundamentalistische Zwängerei («und die Bibel hat doch recht») Pech mit Jericho. Um die Zeit, die für die Landnahme der israelitischen Stämme in Kanaan zur Wahl steht, zwischen dem 15. und dem 13. Jahrhundert, war Jericho, damals schon über 6000 Jahre alt, nach dem Grabungsbefund beurteilt zu einer unbedeutenden Siedlung herabgesunken. Im vorhergegangenen Jahrtausend waren Jerichos Mauern in siebenhundert Jahren nachweisbar zwanzig Mal geschleift und wiederaufgebaut – oder jedenfalls erneuert – worden. Von den Mauern jedoch, die im biblischen Bericht Josuas Posaunen niederlegten, konnten die Archäologen keine Spuren sichern.

155
Et-Tell bei Deir Diwan im Gebirge Juda, Cisjordanien. Die Ruinen gelten im allgemeinen für die Reste von Ai: gemäß dem biblischen Bericht die erste Stadt, die Josua im Bergland einnahm, «einen Haufen daraus ewiglich» machend. Der Ausgrabungsbefund widerspricht dieser Behauptung: zur Zeit der Eroberung Kanaans durch das Gottesvolk lag die Stadt bereits ein Jahrtausend lang in Schutt und Asche. Der Widerspruch könnte allerdings auch davon herrühren, daß die Identifikation et-Tells mit Ai voreilig ist.

156
Der Ruinenhügel der Philisterstadt Ekron in Israel. Frühlingsflor hebt den Tell von dem umliegenden Kulturland wirkungsvoll ab; das Mauergeviert der Akropolis scheint durch den Blumenteppich hindurch. Ekron fiel, so das Buch der Richter, nach dem Tod Josuas; aber wenn die Eroberung überhaupt gelang, dann nur zeitweilig. Die Philister stellten sogar die Bundeslade, die sie erbeutet hatten, vorübergehend in Ekron auf. Später, nach Goliaths Tod, suchten sie Zuflucht in der sicheren Stadt. Fest in israelitische Hand kam Ekron erst im 2. Jahrhundert v. Chr.: der syrische König Alexander Balas schenkte es dem Makkabäer Jonathan. Moderne Grabungen in Ekron stehen noch aus.

157
Eine Stadt wie keine andere: Jerusalem. Nicht das himmlische Jerusalem, das die Seele sucht – vielmehr das Jerusalem der Geschichte, erobert, geschleift und wiederaufgebaut, Zankapfel der Parteien, irdisch und heutig: die Strahlen der untergehenden Sonne fingern über bereits erblindeten Dächern der Altstadt die Fernsehantennen, die nach dem Junikrieg 1967 und der Wiedervereinigung der geteilten Stadt wie ein Wald aufschossen. König David nahm die Jebusiterfestung auf dem First der judäischen Berge ein und herrschte von ihr aus nach Norden und nach Süden; Salomo machte die Stadt reich, Herodes groß. Neunzehn Jahrhunderte lang blieb sie nach der Zerstörung des zweiten Tempels für die zerstreute Judenheit Brennpunkt der Hoffnung: «Nächstes Jahr in Jerusalem!» Auch die christlichen Kirchen sehen in Jerusalem mehr als nur die umkämpfte Stadt an einem Kreuzweg

der Geschichte: wo Gottes Sohn starb und wieder auferstand, treffen sich für den Gläubigen geheimnisreich Zeit und Ewigkeit. Aber nicht genug an soviel Heiligung: auch Mohammed hieß zeitweilig, auf der Flucht, seine Anhänger ihr Gesicht beim Gebet statt nach Mekka nach Jerusalem wenden – und vom Tempelberg ritt der Prophet in den Himmel zur Erleuchtung durch Allah. Sultan Süleiman der Prächtige gab der Stadt den jetzigen Mauerkranz. Im Südosten – im Bild rechts oben – der Haram asch-scharif, der einstige Tempelplatz, seit dem 7. Jahrhundert mit dem Felsendom (über dem Felsen von Abrahams Opfer und von Mohammeds Himmelsrittvision) und seit dem 8. Jahrhundert mit der Aqsa-Moschee. Die Abendsonne beleuchtet die Klagemauer: Teil der westlichen Stützmauer des herodianischen Tempels, seit 1967 aus ihrem Schuttfuß befreit und über einen breiten Platz zugänglich. Rechts unten im Bild der Komplex der christlichen Heiligtümer, allen voran – unter den Kuppeln der Heiliggrabkirche – Kreuzigungsstätte und Grab. Von den zehn Maß Schönheit, die sich auf die Erde senkten, ergriff Jerusalem neun; neun ist freilich auch Jerusalems Teil von den zehn Maßen Leids. So sagt's der babylonische Talmud, und die Politik hat stets das Mögliche getan, daß die Anteile stimmen – wenn schon nicht die spiritueller Schönheit, so doch wenigstens die Anteile der Stadt an dem nur zu greifbaren Leid.

158

Der Tell der Stadt Megiddo am westlichen Zugang zur Ebene Jizreel, Israel. Ausgrabungen haben Palastreste, Wehranlagen, eine für Kriegszeiten ausgebaute Wasserversorgung, Stallungen, Vorratshäuser freigelegt. Auch aus Megiddo, das Israel erst spät den Kanaanitern abgenommen hatte, machte Salomo, ebenso wie aus Gezer und Chasor, eine Stadtfestung – um die Jordanübergänge zu sichern und die Karawanenwege zwischen Niltal und Zweistromland zu beherrschen. Salomo erhob Megiddo zur Hauptstadt eines Gaus und legte dort seine Streitwagentruppe in Garnison. Die Archäologen fanden Boxen für fast fünfhundert Pferde in der «Wagenstadt».

159

Die Akropolis der Stadt Chasor, Israel. Die Straße Tiberias–Metulla umfährt den ehrwürdigen Tell am Ostrand des obergaliläischen Gebirges. Chasor war der Vorort der nördlichen Kanaaniter-Reiche, Israel eroberte die Stadt und Salomo baute sie zu einer Festung aus. In der oberen Bildhälfte Zitadellen, Reste von königlichen Vorratshäusern und zwischen ihnen der viereckige Schacht, der den Zugang zum Trinkwasser sicherte.

160

Die Reste der Stadt Gezer am Rande des palästinischen Hügellands zwischen Jerusalem und Mittelmeer, Israel. Eine Sappe, Erinnerung an die kriegerischen Auseinandersetzungen unserer Tage, markiert den Nord- und Ostrand des Ruinenhügels. Oberhalb der Bildmitte links die Reste einer monumentalen Tor-Anlage aus salomonischer Zeit; oberhalb der Bildmitte rechts, wo die Archäologen die Sappe mit Ausgrabungsschutt aufgefüllt haben, eine Kasematte der inneren Stadtbefestigung und ein Platz mit Masseben, d.h. aufgerichteten Steinpfeilern, die hier vielleicht an einen feierlich geschlossenen Bund erinnern. Gezer, eine kanaanitische Königsstadt des 3. Jahrtausends, kontrollierte die Fernverkehrsstraßen zwischen Ägypten und Assyrien. Salomo (etwa 965–926 v. Chr.) erhielt sie als Mitgift der Pharaonentochter, die er in seinen Harem aufnahm; er befestigte sie gegen Ekron (Bild 156). Der berühmter Kalender von Gezer ist ein dort gefundenes Kalksteintäfelchen, vermutlich aus salomonischer Zeit, mit der Aufzählung von zwölf Monaten und Angaben über das Säen und Ernten.

161

Die Abdachung des judäischen Gebirges gegen die Jordansenke und das Tote Meer: die

Wüste Juda mit dem alten Weg nach Jericho. Ihre Schluchten und Höhlen nahmen während der ganzen tumultuösen Geschichte Palästinas Verbannte und Verfolgte, Bußprediger und Räuber, Wegbereiter und Wegelagerer auf. Am oberen Bildrand, hinter Dunstschleiern, links die Oase Jericho, rechts der bleierne Spiegel des Toten Meers.

162

Samaria auf seinem Stadtberg, Cisjordanien. Samaria gehört zu den ganz wenigen eigenen Stadtgründungen des Alten Israel. Omri, unter den Königen des israelitischen Nordreichs einer der unternehmendsten (wiewohl vermutlich arabischer Herkunft), erbaute um 870 v. Chr. Samaria als Hauptstadt. Ausgrabungen sicherten Reste des israelitischen Königspalastes auf dem Burgberg und zeitlich zugehörige Stadtbefestigungen. Das Forum, eine Basilika, ein Theater und die Säulenstraße, von denen die Archäologen ebenfalls den Schutt der Jahrtausende wegräumten, mahnen an die Blütezeit der Stadt unter Herodes und den Römern. Außerhalb des linken Bildrands das arabische Dorf Sebastije. In dessen Namen lebt eine Schmeichelei des Herodes weiter: unter ihm wurde Samaria in Sebaste umbenannt – nach Sebastos (griechisch für Augustus), Herodes' kaiserlichem Gönner.

163

Das Hügelland von Samaria, Cisjordanien. Das Alte Testament kennt diesen mittleren Abschnitt des westjordanischen Hochlands als Gebirge Ephraim.

164

Das Herodeion auf der Schwelle zur Wüste Juda, Cisjordanien. Zu Lebzeiten unterhielt Herodes auf dem Berg einen Palast und Bäder, aber es ist wahrscheinlich, daß er den Ort von allem Anfang an als sein Grabdenkmal plante. In der Zeit zwischen 22 und 15 v. Chr. ließ er die natürliche Erhebung durch Anschüttungen zu einem regelmäßigen Kegelstumpf ummodeln – vermutlich in überheblicher Nachahmung des wenige Jahre vorher errichteten Mausoleums für Kaiser Augustus. Er wünschte ausdrücklich, im Herodeion beigesetzt zu werden – der Verfolger des neugeborenen Messias kam so in Sichtweite Bethlehems zur letzten Ruhe. Im jüdischen Freiheitskampf gegen die Römer gehörte die herodianische Burg zu den Festungen, die den Belagerern noch standhielten, als Titus und Vespasian nach der Einnahme Jerusalems und der Zerstörung des Tempels in Rom bereits ihren Triumph feierten.

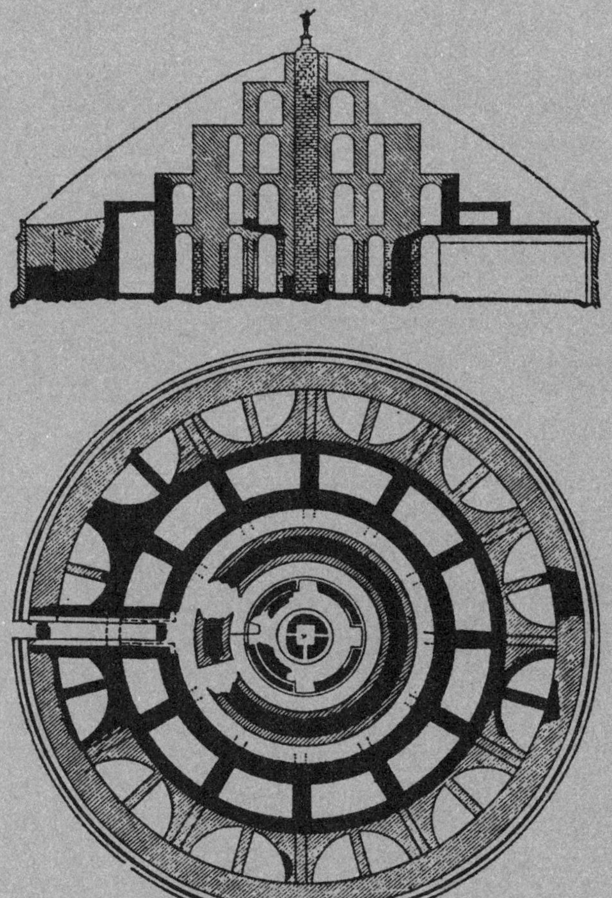

Das Mausoleum des Augustus (nach *Segal*)

153

155

156

157 ▸

159

160

161 ▸

163

Mäler des Fragens

Wie weit darf sich ein Raumfahrer, der uns verläßt, entfernen – wie nah muß ein Raumfahrer, der uns besucht, kommen, wenn er auf unserem Planeten Lebenszeichen erkennen will?

Als Radiostern «leuchtet» die Erde einige hundert Lichtjahre tief in den Raum, selbst wenn man unterstellt, daß auch außerirdische Intelligenzen noch im Archaikum der gegenwärtigen irdischen Nachrichtentechnik stecken. Die Unregelmäßigkeit ihrer Funksignale empfiehlt sie, freilich erst seit einigen Jahrzehnten, möglichen Mitbewohnern in der Milchstraße als belebt.

Und im reflektierten Licht? Die Astronauten auf dem Weg zum Mond flogen noch im irdischen Schwerefeld, da lag die Erde schon wie eine Murmel auf dem schwarzen Samt des Raums – bunt und kalt, mit Wolken, Meeren und Landmassen die Möglichkeit von Leben andeutend, aber bar jedes Zeichens für sein Vorhandensein. Carl Sagan, Leiter des Laboratoriums für Planetarische Studien an der Cornell Universität und Wortführer der amerikanischen Exobiologen, wertete Tausende von Wettersatellitenbildern der Erde in Hinsicht auf Lebenszeichen aus. Die Ergebnisse seiner Untersuchung faßte er in einer herausfordernden Abhandlung zusammen, die auf die Frage hinauslief: Gibt es Leben auf der Erde? Solange zwei nur hundert Meter voneinander entfernte Punkte nicht getrennt wahrgenommen werden, unterscheiden sich die Spuren, die der wohnende und wirtschaftende Mensch hinterläßt, ungenügend von geologischen Erscheinungen. Erst wenn die Auflösung besser ist als hundert Meter, bezeugt sich unzweideutig die Zivilisation der Macher. Über die Art des Lebens sind dann allerdings noch immer Mißverständnisse möglich. Sagan bemerkte einmal, nur halb im Spaß, daß sehr wohl ein Marsianer das Automobil für die beherrschende Lebensform auf Erden halten könnte. Die Umwelt wird verändert, um seine Bedürfnisse zu stillen; es bewegt sich, frißt und scheidet Stoffwechselprodukte aus; seinem Wohlbefinden dient ein Heer zweibeiniger Sklaven, aus deren Reihe es sich jedes Jahr in ritueller Schlachtung Hekatomben holt... Wir müssen der Erde nochmals eine Größenordnung näher kommen, jetzt erst treten zu den Mustern der Macher die Mäler des Fragens.

165
Ayers Rock in Zentralaustralien. Der Fels spukt in der nachplappernden Reiseliteratur als «größter Monolith der Erde». Dabei ist er nicht nur nicht der größte, sondern überhaupt kein Monolith, vielmehr ein Inselberg aus geschichteten Gesteinen (Arkose). Für örtliche Stämme der australischen Ureinwohner ist Ayers Rock ein Götterberg, ganz eingesponnen in Legenden und Mythen. Höhlen und Balmen sowie viele andere Kleinformen des Bergs sind für die Aborigines mit der Erinnerung an Kulturheroen der «Traumzeit» verknüpft; heilige Rituale holen die schöpferische «Traumzeit» immer wieder ins Jetzt und Hier. Die ersten oder letzten Strahlen der Sonne schießen den Berg in Brand – man kann's kaum anders sagen. Seine spektakulären Farbänderungen haben den Felsen im roten, toten Herzen des Kontinents auch für die weißen Australier zu mehr als nur einem gewöhnlichen Besichtigungsziel, den Ausflug zu ihm zu einer Pilgerfahrt gemacht.

166
Der Innere Schrein von Ise auf der japanischen Hauptinsel Honschu. Der Tempelbezirk von Ise ist das erhabenste aller Heiligtümer des Schintoismus. Noch vor einem Jahrhundert durften ihn buddhistische Nonnen und Bonzen nicht betreten; bis heute fehlen in ihm die sonst überall anzutreffenden buddhistischen Statuen als Inkarnationen schintoistischer Götter. Das Allerheiligste des Bezirks, dreifach gesichert von Zaun und Palisade, enthält neben Schatzhäusern für Kultgegenstände und liturgische Gewänder die Haupthalle. In dieser wohnt die Sonnengöttin Amaterasu, die Ahnmutter des Kaiserhauses, sinnbildlich vertreten durch den Sonnenspiegel, das heiligste der Reichsinsignien. Das Tor zum Inneren Schrein öffnet sich nur hohen Priestern, der Kaiserfamilie und ihren Boten. Gegen eine Einsichtnahme von oben hat die Überlieferung allerdings nichts einzuwenden. Der Amaterasu-Schrein geht auf den Beginn der christlichen Zeitrechnung zurück; seit dem 7. Jahrhundert wird er mitsamt den Nebenanlagen alle zwanzig Jahre vollständig erneuert, jedenfalls wenn das die Zeitläufte zulassen. Der 60. Neubau fand im Jahre 1973 statt, eine genaue Kopie des Altbaues und aller diesem vorausgegangenen Anlagen, ausschließlich aus Holz und Stroh, ohne Zuhilfenahme von Nägeln und Mörtel. Der Altbau wird jeweils, zerstückelt, bis auf den letzten Span dem Devotionalienhandel zugeführt; sogar in Form von Zahnstochern kommt er auf den Andachtsmarkt. Er bezahlt so den Nachfolgebau.

167
Mont-Saint-Michel im Departement Manche, Frankreich. Die Ebbe hat die Sandbänke um die Granitinsel bloßgelegt. Diese innerste Nische des Golfs von Saint-Malo hat Kontinentaleuropas größten Tidenhub (bis vierzehn Meter); bei einer Nipptide gibt die See bis fünfzehn Kilometer Watt frei. Der Priel am Fuß des Bergs, historisch die Grenze zwischen Bretagne und Normandie trotz seines unzuverlässigen Laufs, hat nach wasserbaulichen Maßnahmen am Anfang des Jahrhunderts endgültig «le Mont» den Bretonen weggenommen, zu ihrem fortdauernden Verdruß. Mönchische Nutzung der Granitklippe ist schon im 8. Jahrhundert bezeugt, ihre benediktinische Geschichte beginnt im 10. Jahrhundert; die Aufbauten mit der krönenden Klosterkirche entstanden zwischen dem 11. und 16. Jahrhundert. Kein Belagerer konnte sich rühmen, die Abtei erobert zu haben. «Der Berg», sozusagen in Architektur verwandeltes Gebet, kannte trotzdem auch Zeiten der Erniedrigung. Vorübergehend diente er als Gefängnis, zuletzt sank er zum Museum herab. Seit 1966 leben auf Mont-Saint-Michel wieder drei Mönche. Sie montieren Geschwindigkeitsmesser für eine nahe Fabrik.

168
Das Steinkreisheiligtum von Stonehenge in der Grafschaft Wiltshire, England. Ein afrika-

nischer Staatsmann wünschte jüngst (rhetorisch), Stonehenge mit nach Hause nehmen zu können zum Beweis, daß auch Europa primitive Kulturstadien durchlaufen hat. So unbestritten die Behauptung ist, so wenig taugt dafür als Beleg gerade Stonehenge. Die Anlage – konzentrische Kreise mit zwei einbeschriebenen Hufeisen – entstand, um den Preis einer damals monumentalen Anstrengung, in der ersten Hälfte des zweiten vorchristlichen Jahrtausends. Ihre Öffnung auf den Punkt des Sonnenaufgangs zur Zeit der sommerlichen Sonnenwende und weitere Ausrichtungen der Steine auf bestimmte Sonnen- oder Mondererscheinungen beglaubigten schon früh das Verständnis Stonehenges als einer Stätte des Sonnenkults. In den sechziger Jahren bot der Amerikaner Gerald S. Hawkins eine neue Lösung für dieses steingewordene Rätsel der europäischen Vorzeit an. Zu der überraschenden Neubewertung verhalf dem Astronomen ein moderner Schnellrechner: die Steinsetzung, fand der Harvard-Professor, ist so gut wie ein jungsteinzeitlicher Computer, mit dessen Hilfe die Priesterastronomen die Jahreszeiten, Mond- und Sonnenfinsternisse exakt voraussagen konnten.

169

Das Spiralminarett der Großen Moschee von Samarra, Irak. Die Wendelrampe schraubt sich in fünf Windungen vom Sockel zu einem zylindrischen Obergeschoß empor. Der Sockel mißt dreiunddreißig auf dreiunddreißig Meter, die oberste Plattform liegt fünfzig Meter über dem Sockel. Einheimische suchen auf ihr während der Siesta Kühlung. Kalif al-Mutawakkil (847–861), der als Bauherr in Samarra (Bild 147) nicht seinesgleichen hatte, knüpfte an die sumerisch-assyrisch-babylonische Tradition des Sakralturms an. Das Spiralminarett ist also ein frühislamisches Echo auf den biblischen «Turm der Hoffart». Der Kalif durchstieß mit ihm kühn das Mißverständnis, das die biblische Polemik und eine gleichgestimmte Anspielung auf den babylonischen Turmbau im Koran begründet hatten. Die Zikkurats waren ja niemals aufrührerisch gegen den Himmel geschüttelte Fäuste gewesen; vielmehr hatten die Tempelberge den Gott eingeladen, unter den bedürftigen Menschen zu wohnen. Durch ihre kreisrunde Anlage betont die Malwiya – «die Spirale» – noch die erwünschte kosmische Einstimmung.

170

Ein Stupa auf Sri Lanka (Ceylon). Der Stupa (von den Singhalesen meist als Dagoba bezeichnet), jetzt der Inbegriff buddhistischer Sakralarchitektur, entwickelte sich aus dem vorbuddhistischen, altindischen Fürstengrab. Der Erleuchtete selber wies seine Jünger an, Könige und Weise mit Stupas zu ehren. Nach seinem Tod entstanden über Reliquien des Buddha zunächst acht Stupas, aber schon König Aschoka (3. Jahrhundert v. Chr.), der fromme Förderer des Buddhismus, verzehntausendfachte ihre Zahl. Meist über einer Reliquie erbaut, ist der Stupa stets reine Architekturplastik ohne Innenraum. Über dem getreppten Sockel in einer viertorigen Einfriedung rundet sich eine Halbkugel, bei möglichen glocken- oder blasenförmigen Abweichungen; den würfeligen Aufsatz im Scheitel (mitunter der Aufbewahrungsort für das Reliquiar) krönt ein Kreiskegel. Dieser stellt einen Schirm vor, ein altorientalisches Zeichen der Herrscherwürde. Der Stupa versinnbildlicht für den Gläubigen das Parinirwana: das endgültige, vollkommene Nirwana, den absoluten Heilsstand.

171

Die Georgskirche in Lalibela, Äthiopien. Die Monolithkirchen Lalibelas beanspruchen im Verzeichnis der Weltwunder einen vorderen Platz: aus einem einzigen Stück Fels geschlagen, innen und außen nach dem Bild gebauter Architektur geformt, sind sie eigentliche Skulpturkirchen – Architektur durch Subtraktion. Sie stehen auf dem Grund von Gruben: der Rohblock wurde durch Abtiefen von Gräben aus dem gewachsenen Fels herauspräpariert. Die Georgskirche entstand vermutlich als letzter der Lalibela-Monolithe anfangs des 13. Jahrhunderts. An Eleganz ist sie unübertroffen. Der kreuzförmige Baukörper mit drei ineinanderliegenden Kreuzen als Dachschmuck steht auf einem ebenfalls kreuzförmigen, dreistufigen Podium. Die Kirche über dem Sockel wurde aus einem Felsklotz von 10,6 Meter Höhe und 12,5 Meter Seitenlänge gewonnen. Laufgänge führen auf die Sohle der Ausschachtung. Das Kircheninnere ist ein kreuzförmiger Raum ohne weitere Unterteilung durch Pfeiler.

172

Der Turm von Babylon, Irak, im Ruinengelände der Stadt. Die Plünderung der begehrten gebrannten Ziegel durch die Anwohner im 19. Jahrhundert ergab dieses Bild: Grundwasser (an Stelle des Ziegelmantels) faßt den Kern der Zikkurat aus ungebrannten Lehmziegeln ein. Respektlos heißt der Turm heute «die Pfanne». Deren Stiel ist die Baugrube der Freitreppe. Das Gründungsdatum der Zikkurat von Babylon – *Etemenanki*, «Grundstein von Himmel und Erde» – ist unbekannt, ihre Anfänge liegen nicht ausgrabbar im Grundwasser. Der archäologisch älteste Befund stammt aus der Regierungszeit Asarhaddons (680–669 v. Chr.), die Blütezeit des Heiligtums beginnt mit Nebukadnezar II. (604–562 v. Chr.), dem Zerstörer Jerusalems. In dieser neubabylonischen Fassung mischte die Zikkurat das sumerische und das assyrische Muster für einen Tempelturm: auf zwei Stockwerken, die eine gewaltige Freitreppenanlage erschloß, türmten sich vier Obergeschosse mit einer äußern Wendelrampe. Bei der Zikkurat von Babylon, als einzigem Turm Mesopotamiens, war die Höhe gleich der Seitenlänge (91,5 Meter). Xerxes machte den Turm von Babel zur Ruine, und Alexander der Große begann ihn abzutragen, um Platz zu schaffen für einen Neubau – eine Absicht, die sein Tod durchkreuzte.

173

Das Radar-Radioteleskop von Arecibo auf Puerto Rico. Sein Reflektor, mit einem Durchmesser von gut dreihundert Metern der größte der Erde, ist fest in einer Geländesenke montiert und auf den Zenit gerichtet. Dagegen sind die Antennen auf der dreieckigen Plattform hundertsechzig Meter über dem Schüsselgrund schwenkbar, das Gerät kann daher vierzig Prozent des sichtbaren Himmelsgewölbes «sehen». (Zur Zeit der Aufnahme bestand der Reflektor aus einem engmaschigen Drahtgeflecht; seither erhielt er einen Aluminiumbelag zur Verbesserung seiner geometrischen Definition.) Als Kolumbus beweisen wollte, daß die Erde rund ist, entdeckte er Puerto Rico. Von der tropischen Antilleninsel aus stoßen heute die Astronomen bis an die Grenzen des Weltalls vor. Die Radiosternwarte von Arecibo verzeichnet das Rauschen der Quasare und Pulsare. Im Nahbereich tastet *El Radar* die Ionosphäre und die Planeten ab, deren Bahnen sich wegen Arecibos tropischer Lage fast immer im Blickfeld des Teleskops befinden. In Arecibo bewies man, daß die Venus sich nicht wie jeder andere Planet im Gegenuhrzeigersinn, sondern im Uhrzeigersinn dreht. Oder daß Merkur durchschnittlich in 59 Tagen um seine Achse rotiert – und nicht, wie man geglaubt hatte, in 88. Carl Sagan benützt das Instrument auch bei der Suche nach Funkbotschaften außerirdischer Intelligenzen.

174

«Spiral Jetty» von Robert Smithson im Großen Salzsee, US-Staat Utah. Der Erdkünstler Smithson, geboren 1938 in Passaic, New Jersey, schüttete die Spiral-Mole im Jahre 1970 auf einem Grundstück an, das er für zwanzig Jahre gepachtet hatte. Als guter Amerikaner führte er Buch, wieviel Material er beim Bau der 150 Meter langen und 4,5 Meter breiten

Mole in den See kippte – 6000 Tonnen Basaltblöcke und Uferschutt, 292 Lastwagen voll. Das geheimnisvolle Signal in der trostlosen Landschaft am Nordende des Sees reagiert wie ein organisches Gebilde auf den Wechsel der Jahreszeiten. Die Aufnahme zeigt die Spirale zur Zeit der Überflutung. Wenn der See mit den sommerlichen Verdunstungsverlusten schrumpft, fällt die Spirale trocken, die schwarzen Blöcke mit weißen Salzkristallen verkrustet. Gleichzeitig vertieft sich die Rotfärbung des Wassers: zunehmende Aussalzung löst eine explosionsartige Vermehrung der Rotalgen aus. Beizufügen ist, daß die fotografische Dokumentation die Absichten des Künstlers unvollständig wiedergibt. An der Zeichenhaftigkeit seines Werks lag Smithson nur in zweiter Linie; vorab erlebte er daran – oder genauer: darauf, beim Abschreiten der Spirale von außen nach innen – Strudel und Sog des Lebens, die sich in einem unumkehrbaren Ablauf spiralig immer schneller auf den Punkt der letzten Wahrheit, des Todes, konzentrieren. Bei der Flug-Suche nach einem geeigneten Standort für ein neues Erdwerk, eine Wendelrampe, stürzte Smithson 1973 über Texas tödlich ab.

175

Die Stiftskirche der Benediktinerabtei Maria-Einsiedeln, Schweiz. Eine der bedeutendsten barocken Klosteranlagen Europas. Benediktiner erbauten in Einsiedeln das erste Kloster im 10. Jahrhundert. Wallfahrtskirche und Kloster, wie sie heute stehen, stammen aus der ersten Hälfte des 18. Jahrhunderts – der sechste Bau an dieser Stelle. Damals wurde auch der Vorplatz mit Arkaden wie offenen Armen geschaffen. Dem Liebfrauenbrunnen in der Mitte des Platzes antwortet auf dem Frontgiebel eine Statue der Madonna.

176

«Double Negative» von Michael Heizer am Rande der Mormon Mesa im US-Staat Nevada. Der Einschnitt ist neun Meter breit, fünfzehn Meter tief und fünfhundert Meter lang – der mittlere Abschnitt, der gedacht werden muß, zählt mit. Ebenso sind die zungenförmigen Schutthalden integraler Teil des Werks. «Die größte Skulptur in der Geschichte der abendländischen Kunst» – und ihr Wendepunkt dazu, weissagte ein Prophet der Land Art in einer angesehenen Kunstzeitschrift. Rekord muß sein, und nur 90 Kilometer von Las Vegas entfernt ist das Abendland ohnedies die Hure, die mit jedem Kunsthistoriker schläft. Zweifellos ist «Double Negative» bis dato das aufwendigste Werk der Land Art. Heizer, geboren 1944 in Berkeley, Kalifornien, bohrte, sprengte, bulldozte es an der Jahreswende 1969/70 in einen Zeugenberg, von dem er ein Stück erworben hatte. Er verbrauchte zwei Tonnen Dynamit und bewegte über 200000 Tonnen Gestein. Der Erdkünstler schwört den Zwängen des Kunstbetriebs ab, entläuft Studio, Galerie und Museum, befreit das Werk aus dem Sog der Konsumgesellschaft. Heizer: «Eine der natürlichen Folgen der Erdkunst könnte sein, daß sie dem Kunstwerk völlig den Warencharakter nimmt und eine Rückkehr zu der Auffassung von Kunst als ... nun ja: einer Religion erlaubt.»

177

Das Teatro Amazonas in Manáus, Brasilien. Manáus am Rio Negro, dessen violette Wasser sich fünfzehn Kilometer stromabwärts mit den braunen Fluten des Amazonas mischen, machte um die Jahrhundertwende alles, um zu vergessen, daß der Urwald es belagert. London lieferte die Herrenschneider, Paris die Juweliere; Kokotten und Karossen waren kontinental; einer der Handelskönige in der Dschungelstadt gab sogar seine Wäsche auf dem Schiffsweg nach Europa zum Waschen und Bügeln aus. Kautschuk war ein Monopol Amazoniens, die Kaufleute in Manáus diktierten die Preise – und der Weltbedarf an Gummi stieg. Das Prunktheater nach dem Vorbild des Pariser Opernhauses war der Punkt auf dem i des süßen Lebens. In ihm sang Caruso, spielte Sarah Bernhardt, tanzte die Pawlowa. Großes Geld lockte auch kleinere Talente 1300 Kilometer den Amazonas hinauf, damals eine abenteuerliche, vom Fieber bedrohte Reise. Schon vor dem Ersten Weltkrieg freilich entthronte der Plantagengummi Südostasiens den Sammelgummi Amazoniens. In Manáus tat man noch eine Weile als ob – dann trat endgültig wieder die faulige Tropenluft in ihr Recht, wo es nach teuren Pariser Parfums gerochen hatte.

178

Friedhof wohlhabender Chinesen bei Medan auf Sumatra, Indonesien. Die auffällige und studierte Richtungslosigkeit der Gräber untereinander ist das Werk des Geomanten, eines in *fêng-shui*, «Wind und Wasser», erfahrenen Weisen (Bild 118). In der rechten oberen Bildecke ein Grab im Bau. Größere Anlagen sind Familiengrüfte; an der Seite des Grabherrn ruhen Gattin und Konkubinen. Vor dem hufeisenförmigen Grabhügel mit der Sargkammer liegt jeweils eine Plattform für das Totenritual. Gräber dieser Form überziehen in China ganze Bergflanken. Sie reproduzieren verkleinert monumentale alte Grabanlagen für das Kaiserhaus und andere Prominenz. Der Grabhügel versinnbildlicht den Berg, auf dem die Seele des Toten sich endgültig von der Erde trennt, um im Himmel zu schweben. So endet niemals das Fragen; für den Toten fragen jetzt die Zurückgebliebenen.

167
168▸

171 172
173 ▸

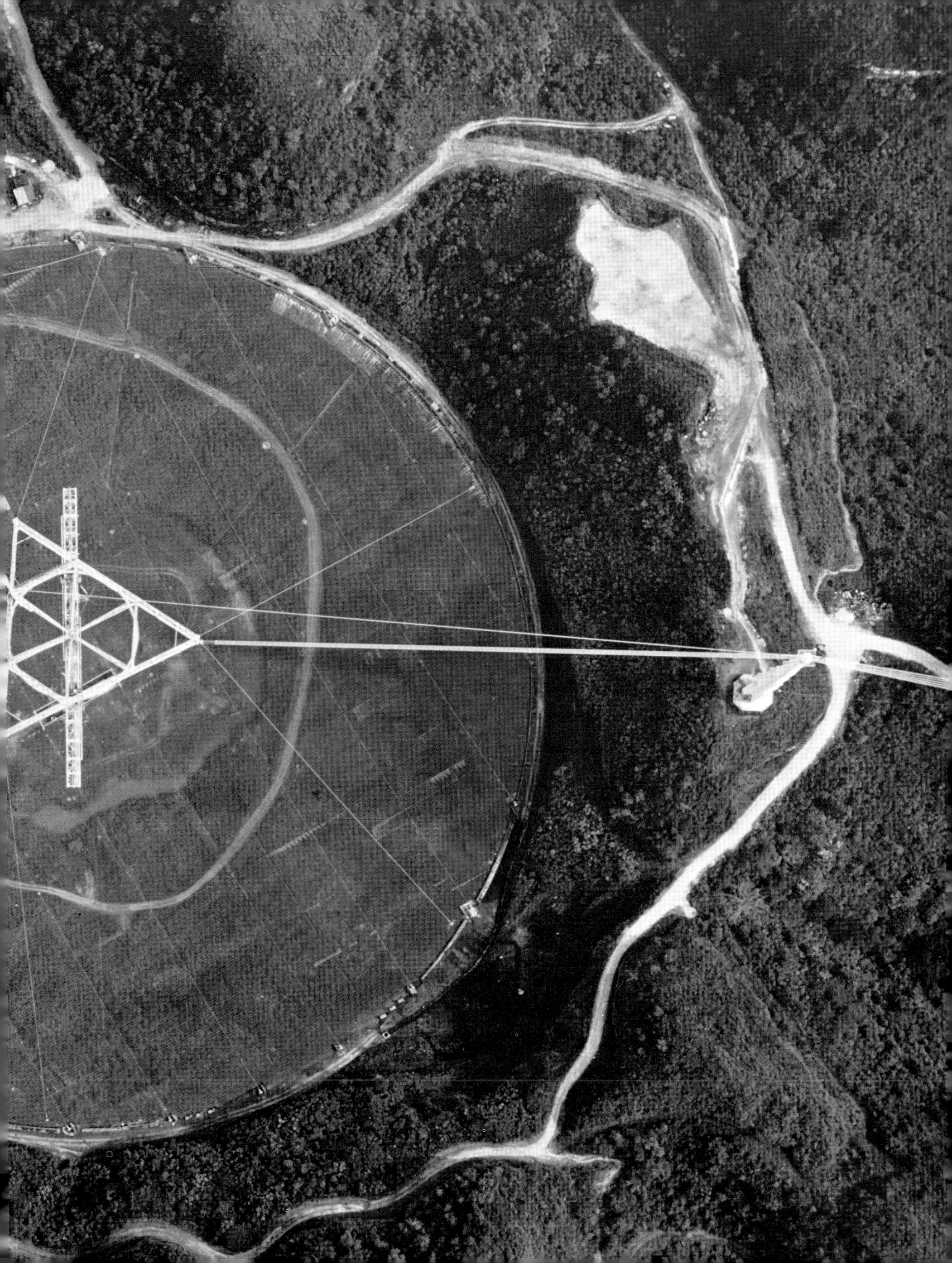

◂75

Bilder für die Götter?

Von vielen Vorzeiträtseln ist vielleicht dieses das merkwürdigste: Menschen, denen es fern lag, sich über die Erde zu erheben, schufen Werke oft gigantischer Abmessung, die nur von oben entweder überhaupt gesehen oder doch wenigstens richtig gewürdigt werden können. Bodenzeichnungen und Bilderhügel dieser Art finden sich in der Alten und der Neuen Welt, und hier in beiden Amerika: im Kreideland der südenglischen Downs, in der Pampa Perus und der Atacama Chiles, auf den Terrassen des Colorado und seiner Zuflüsse, auf den Lavafeldern der Sonorawüste Mexikos sowie im Gras- und Waldland der östlichen Hälfte des nordamerikanischen Halbkontinents.

Der jetzt bekannte Bestand ist überraschend reichhaltig, aber der Verdacht besteht, daß er noch lange nicht vollständig erfaßt ist. Hier die wichtigsten Beispiele:

Die wüstenhaften Hochflächen im Einzugsgebiet des Rio Grande de Nazca y Palpa in Südperu tragen Bodenzeichnungen, deren Reichtum keine andere Gruppe in Lateinamerika erreicht: ein Labyrinth von Zickzacklinien, Dreiecken, Rechtecken, Trapezoiden, Geraden, Schlangenlinien und Spiralen, vergesellschaftet mit figürlichen Darstellungen, Vögeln, Kriechtieren, hundeähnlichen Vierbeinern, Mordwalen oder Fischen, Kapuzinerartigen Affen, einem Spinnentier, einigen Menschengesichtern. Die Zeichentechnik der präkolumbischen Künstler war ebenso einfach wie wirksam: Entfernen der Steine mit dunkler Wüstenpatina entblößte den helleren Grund. Die Dimensionen der Scharrbilder verfehlen ihren Eindruck nicht: ein Vogel hat einen Schnabel von dreihundert Metern Länge, einzelne der keilförmigen Dreiecke erstrecken sich auf Kilometer. Die Zugehörigkeit der Darstellungen zu einer Periode oder mehreren Perioden der Nazca-Kultur (etwa 300 v.Chr. bis 900 n.Chr.) kann im strengen Wortsinn nicht bewiesen werden. Trotzdem darf sie als gesichert gelten: die figürlichen Motive sind von der bewunderungswürdigen Nazca-Keramik her
178 vertraut.

Die Bodenzeichnungen im Gebiet des Unterlaufs des Colorado, in den heutigen US-Staaten Kalifornien und Arizona sowie im mexikanischen Staat Sonora, weisen Parallelen zu den südperuanischen auf. Es gibt auch hier neben figürlichen Darstellungen – und offenbar in einem Sinnzusammenhang mit ihnen – gerichtete Linien *(alignments)*. Die Coloradotradition umspannt jedoch zweieinhalb Jahrtausende. Die ältesten Steinaufreihungen kommen gleichzeitig mit frühen lithischen Industrien, zu Beginn des ersten vorchristlichen Jahrtausends, vor. Dagegen gehört wohl die Mehrzahl der zoomorphen Darstellungen ans Ende der vorkolumbischen Zeit. Hält man die bei Blythe, Kalifornien, abgebildeten Vierbeiner wirklich für Pferde, wie das einige Archäologen tun, ergibt sich für diese Spätbilder ganz von selbst ein terminus post quem: in Nordamerika starb das einheimische Pferd vor zehntausend Jahren aus; erst die Spanier führten das europäische Pferd, im Westen um 1540, wieder ein. Manche Fundstelle im Coloradogebiet gleicht einem Palimpsest: die Zeichnungen vieler Jahrhunderte überlagern sich. Im Laufe der Zeit wandelte sich auch die Technik. Die frühesten Bilder sind erhaben: Steine auf der Wüstenoberfläche markieren die Umrisse. In der amerikanischen Archäologie werden diese oft als *gravel sculptures*, Kiesskulpturen, angesprochen. Später wandten sich die Zeichner einer Intagliotechnik zu: sie versenkten das Bild durch Abschürfen der mit Gesteinsschutt bedeckten Oberfläche, zogen aber oft das Scharrbild durch Anhäufen des Abraums den Konturen entlang nach. Keine Einigkeit konnte bisher in der Frage erzielt werden, zu welchen Kulturen die indianischen Schöpfer dieser Zeichnungen gehörten. Deren stilistische Unbeholfenheit springt neben den eleganten Nazca-Zeichnungen in die Augen.

Eine Entsprechung zu den Kiesskulpturen des Coloradogebiets findet sich im Norden des Kontinents, bis weit ins heutige Kanada hinein. Steine umreißen Schildkröten und Schlangen, Bisons und Menschen. Solche *boulder mosaics*, Geröllmosaiken – eine unglückliche Bezeichnung für reine Umrißbilder! – sind der Stolz des Whiteshell-Provinzparks, zweihundert Kilometer nordöstlich Winnipegs in der kanadischen Provinz Manitoba. Sie gehen vermutlich auf Chippewa-Indianer zurück, aber die Zeit ihrer Entstehung ist unsicher. Altersschätzungen oszillieren zwischen Jahrtausenden und Jahrhunderten. Ein Versuch von Wissenschaftlern der Universität Manitoba, die Bilder mit Hilfe von Untersuchungen des Flechtenbewuchses auf den Geröllsteinen zu datieren, schlug vorläufig fehl. (Vergleichbare Geröllzeichnungen stellen bis heute die Ureinwohner Australiens, namentlich im Norden des Inselkontinents, auf Bergkuppen her. Der von Einzelsteinen und Steinhaufen eingefriedete Grund dient dem Ritualleben der Stämme. Einzelne dieser Zeremonialbezirke haben Formen, die aus der Luft gesehen ebenfalls, wenn auch vage, an Tierbilder erinnern.)

Ausschließlich auf das Gebiet östlich der kontinentalen Wasserscheide, allerdings auf den ganzen Riesenraum von den Rocky Mountains bis zu den Appalachen und von den Großen Seen bis zum Golf von Mexiko, entfallen die Kunsthügel verschiedener indianischer Kulturen. Die gewaltigen Mounds, meist aus Erde, dienten da als Grabtumuli, dort als Plattform für Anbetungsstätten. Einige dieser Hügel haben die Form von Schlangen, Schildkröten, Vögeln, Bären, Eidechsen, Füchsen, Bisons: der Phantasie bleibt natürlich ein weiter Spielraum bei der Identifikation. Im Unterschied zu den Erdbildern bestehen zwei Vögel – Adler? – im heutigen Georgia aus einer metertiefen Aufschüttung weißer Quarzsteine. Die Völker, die diese Bilderhügel schufen, benützten sie nicht immer auch für Bestattungen, und wo sie es taten, fehlen meist die Grabbeigaben, die in den eigentlichen Tumuli überreichlich vorhanden sind. Dieser Umstand erschwert zuverlässige Altersangaben. Der Großteil der Bilderhügel dürfte nach dem Jahr 500 (n.Chr.) angelegt worden sein, aber die Große Schlange in Ohio, das spektakulärste Erdbild, nehmen die Archäologen schon für eine Kultur in Anspruch, die dort zwischen 1000 v.Chr. und 400 n.Chr. belegt ist. Im 19. Jahrhundert waren die Mounds in den Tälern des Mississippi, des Missouri und des Ohio ein Charakteristikum der Landschaft; Raubgräber ebenso wie wohlmeinende Freizeitarchäologen haben, zusammen mit dem Pflug, diese Hinterlassenschaft dezimiert.

Immerhin rechnet man noch heute mit etwa fünftausend Bilderhügeln, fast alle in Wisconsin. Die einzige größere Gruppe außerhalb Wisconsins steht als Effigy Mounds National Monument (in Iowa, über den Mississippi hinweg gegenüber dem Örtchen Prairie du Chien, Wisconsin) unter Bundesschutz. Die Siedler des 19. Jahrhunderts, im Vorurteil gegenüber der «Rothaut» befangen, schrieben die staunenerregenden Erdwerke einer nichtindianischen Bevölkerung zu. Die Ausgrabungen seither räumten selbstverständlich jeden Zweifel am indianischen Ursprung der Mounds aus.

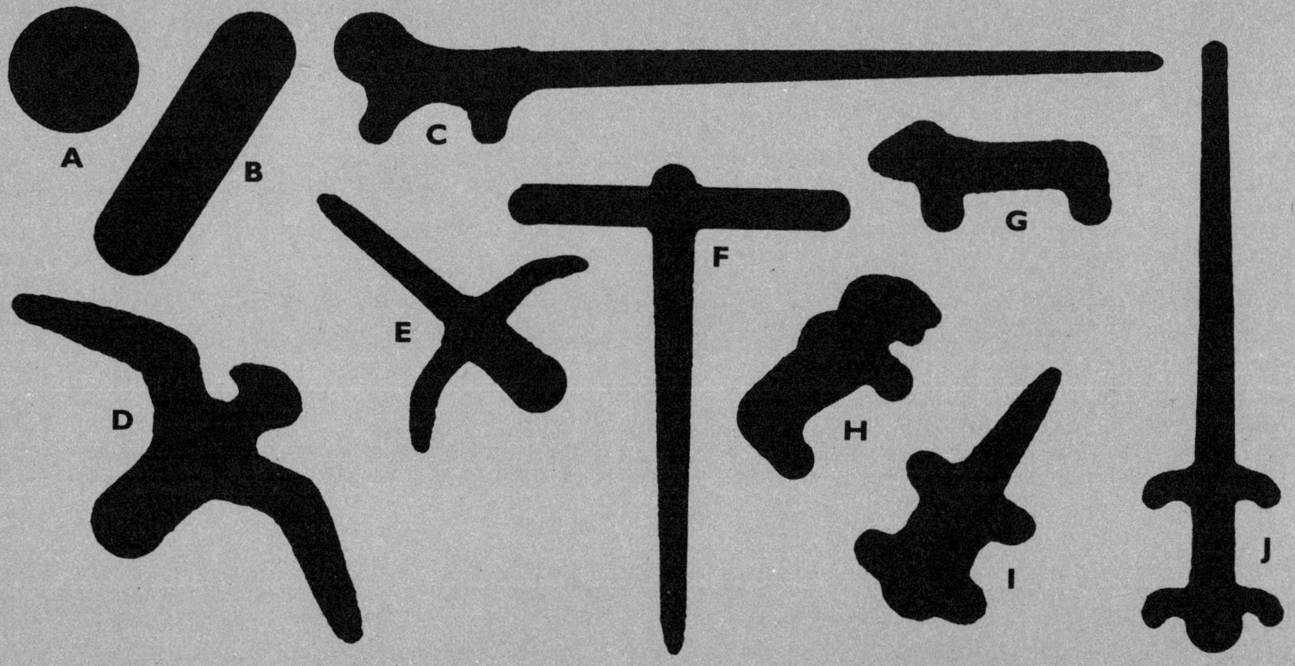

Mounds-Typen im Mississippi- und Ohio-Tal. A und B nicht-figürliche Gebilde, der Rest zoomorphe Bilderhügel: Panther, Adler, Wasservogel, Vogel, Bär, Büffel, Schildkröte, Eidechse – mit Raum für Phantasie!

Zu den englischen Bodenbildern hier nur das Wesentlichste: Im hügeligen Kreideland Südenglands, das die Grasnarbe wie eine Haut überzieht, zeichnete der Künstler durch Abheben von Rasenziegeln. Studentenulk und *the gentleman's folly*, die Langeweile garnisonierter Truppen und die Dankbarkeit von Stadtvätern für königliche Gunstbeweise bereicherten die Downs seit dem 18. Jahrhundert mit einem Dutzend solcher Graskunstwerke. Anstoß dazu gaben jedoch drei Schöpfungen, deren Entstehung in den Morgen englischer Geschichte fällt: das Weiße Pferd von Uffington und zwei Riesen. Das Weiße Pferd auf der Kante der Berkshire Downs muß wohl mit dem sogenannten Uffington Castle, einer eisenzeitlichen Burg auf der Hügelkuppe unmittelbar über dem Roß, zusammen gesehen werden. Auch ähnlich stilisierte Pferdedarstellungen auf eisenzeitlichen keltischen Münzen plädieren für ein Alter der Darstellung von etwa zweitausend Jahren. Den Riesen bei Cerne Abbas in Dorset sieht der englische Archäologe Stuart Piggott, eine Autorität, im Zusammenhang mit dem Herkuleskult, der unter Kaiser Commodus im zweiten nachchristlichen Jahrhundert sich auch in Britannien ausbreitete. Aber vielleicht kam die Figur auch erst nachträglich zu der knotigen Herkuleskeule. Der Hügel mit dem Riesen liegt jedenfalls in einer Gegend voll von jungsteinzeitlichen, bronzezeitlichen und eisenzeitlichen Überresten. Der zweite Riese, der Lange Mann von Wilmington in Sussex, hat mit dem Argument der um ihn herum verstreuten Denkmäler nicht weniger Anrecht auf eine prähistorische Abkunft. Jedoch erschwert eine im 19. Jahrhundert vorgenommene Restaurierung, die seine Gestalt sowie die Geräte, die er hält, vermutlich willkürlich abänderte, heute die Diskussion.

Wenn schon das Wann bei diesen ungewöhnlichen Bildern der Vorzeit Schwierigkeiten macht – um wieviel schwieriger ist dann erst die Erörterung des Warum!

Der Amerikaner Paul Kosok, der Entdecker der Nazca-Figuren, nannte das in der Nord-Süd-Richtung fünfzig Kilometer lange Gebiet «das größte Astronomiebuch der Welt». Namentlich die linearen Muster durften vielleicht als Sichtlinien für einen gigantischen astronomischen Almanach der Sonne, des Monds und der Sterne aufgefaßt werden. Jahrzehntelanges Studium der Zeichnungen ließen die deutsche Mathematikerin Maria Reiche, heute die beste Kennerin der Bilder, dieser Vermutung beistimmen: in den (sich überlagernden) Zeichnungen muß sich das (ständig weiterentwickelte) astronomische und kalendarische Wissen damaliger –freilich hypothetischer – Priester-astronomen niedergeschlagen haben. Linien, die sich nicht als Sonnenwend- und Aequinoktiallinien erklären ließen, deuteten vielleicht auf die Planeten oder die Sterne an kalendermäßig ausgezeichneten Tagen. Die Computeranalyse, die der Stonehenge-Forscher Gerald S. Hawkins vor einigen Jahren an den Nazca-Linien durchführte, enttäuschte dann allerdings die Erwartungen aller, die darin ein Stück Archäoastronomie gesehen hatten: für die Großzahl der Linien konnte der Computer keinerlei astronomische Bedeutsamkeit entdecken; die Zahl der kalenderträchtigen Linien überstieg nicht die zu erwartende Quote des statistischen Zufalls. Von neuem verschluckte so das Geheimnis Liniensysteme und Tierfiguren auf der peruanischen Pampa. (Kritik und Zweifel Maria Reiches an Hawkins' Methode macht der Ausstellungskatalog «Peruanische Erdzeichen», Kunstraum München, München 1974, deutlich.) Für die Riesen im Gebiet des Colorado haben amerikanische Archäologen bei einer rezenten Darstellung der Pima-Indianer einen Bedeutungsschlüssel gesucht: die Pima haben das Bild eines Riesen in eine Mesa bei Sacaton, Arizona, gescharrt, um der Vernichtung eines kinderfressenden Ungeheuers zu gedenken. In den Mythen mehrerer Stämme des Südwestens gibt es wohl- und übelmeinende Riesen, mit denen die Indianer selber die Bodenzeichnungen in Zusammenhang bringen. Andere Archäologen weisen auf die Ähnlichkeit der Bodenzeichnungen mit den Felsritzungen des amerikanischen Südwestens hin und spekulieren über deren jagdmagische Funktion. Jetzt lebende Indianer, sich auf überlieferte Stammesweisheit berufend, machen sich freilich gern über die tiefsinnigen Deutungen lustig, die der Weiße Mann ihren Felszeichnungen unterlegt. Was die Bilderhügel im Osten der Vereinigten Staaten angeht: hier liegt der Gedanke an eine Form des Totemismus nahe. Soweit die Bilderhügel Begräbnisse enthalten, wurden die Bestattungen an vitalen Stellen des dargestellten Tiers vorgenommen, vor allem in der Gegend des Kopfs, des Herzens und der Leisten. Auch das Weiße Pferd von Uffington darf man vielleicht als eine Art Totem oder jedenfalls als Stammesemblem auffassen.

Als Voraussetzung für die Entstehung des Riesen von Cerne Abbas läßt sich ein einheimischer Fruchtbarkeitskult lange vor der römischen Invasion Britanniens denken.

Alle diese Erwägungen klammern allerdings das Kardinalproblem aus: Warum wurden die Gebilde so groß angelegt, daß sie für einen erdgebundenen Betrachter so gut wie verschwanden? Über die Bemerkung hinaus, daß ja der Mensch – die seelische Matrize der Vater-Kind-Beziehung reproduzierend – schon immer seine religiöse Welt vertikalisiert hat, nach oben hoffend und nach unten fürchtend, kann hier vorläufig kaum vorgestoßen werden. Auf «Erklärungen», die zum Beispiel die sich kreuzenden Nazca-Dreiecke und -Trapezoide für einen vorgeschichtlichen Raumflugplatz ausgeben, auf dem Götterastronauten als Kulturbringer landeten, muß im Ernst nicht eingegangen werden: sie, und noch mehr der Bestseller-Erfolg, der ihnen beschieden ist, gehen als Zeichen der Zeit den Psychiater und Soziologen, kaum aber den Prähistoriker an.

Für die Bodenzeichnungen und Bilderhügel in der Alten wie in der Neuen Welt dürften zwei Annahmen zutreffen. Sie sind erstens das Erzeugnis einer Gemeinschaftsanstrengung. Und zweitens dienten sie einem irgendwiegearteten kultischen Zweck. Die Erdbewegungen, die die Bilderhügel verlangten, sind ohne Einsatz einer großen Zahl von Menschen undenkbar. Die Erbauer der Bilderhügel lebten jahrüber offenbar in verstreuten kleinen Gruppen; nur zur Saat- und Erntezeit kamen sie zusammen. Nur bei diesen Frühjahrs- und Herbsttreffen reichte der Pool der Arbeitskräfte für so ehrgeizige Unternehmungen aus. Aber auch die Umsetzung eines maßstabgerechten Entwurfs in die endgültige Riesenzeichnung auf der Pampa von Nazca – benützt wurden dazu vermutlich geeichte Seile – ist nur beim Aufgebot eines Heers von Hilfskräften vorstellbar. Das gleiche gilt für das Ziehen der Linien, deren Geradführung selbst dem mit allen Schikanen ausgerüsteten Landmesser von heute Bewunderung abnötigt. Vielleicht wurden die Nazca-Figuren prozessionsartig abgeschritten; die von einer einzigen, endlosen Linie dargestellten Umrisse ermöglichten jedenfalls Umgänge mit Rückkehr ohne Umkehr. Aber kultisch war nicht nur der Zweck der Bodenzeichnungen und Bilderhügel – schon ihr Vollzug wurde wohl in dieser Kategorie erlebt. Vielleicht nicht ganz zufällig visieren die modernen Geländekünstler, die Vertreter der Land Art, die in die Mesas Nevadas, die Kleefelder Wisconsins und in den Großen Salzsee, in die Dünen der Sahara und in die Schlackenfelder mexikanischer Vulkane zeichnen, weniger die Beständigkeit des Werks als den Schöpfungsvorgang selber an. Das Kultische von gestern als das Happening von heute! In Peru, Mexiko, Kalifornien und Arizona sorgte das Wüstenklima für Dauerhaftigkeit der Scharrbilder. Nicht so das atlantische Klima Südenglands, das den Werken der Graskunst eine schlechte Prognose stellt: Regen waschen die entblößte Kreide aus, im üppig sprießenden Grasteppich vernarben schnell die Wunden. Trotzdem erhielten sich die Riesen und das Uffington-Pferd über Jahrhunderte und Jahrtausende. Die örtliche Bevölkerung «striegelte» das Uffington-Pferd alle sieben Jahre – und das Ausjäten der unerwünschten Gräser sowie das Ersetzen der abgeschwemmten Kreide, ebenfalls im Rhythmus einer heiligen Zahl, retteten auch die Riesen bis in unsere Zeit. Dieses Reinigungsritual wiederholte, nach einer für das Uffington-Pferd erhaltenen Beschreibung zu urteilen, mit Tanz und Spiel den Schöpfungsvorgang selber auf die allermunterste Weise. Wir wissen nicht, wie viele Riesen und Rosse anderswo die Vernachlässigung der Reinigungspflicht gekostet hat.

179
Geröllzeichnung der australischen Ureinwohner (ohne figürlichen Inhalt) bei Cannon Hill im Nord-Territorium. Solche Aufreihungen von Einzelsteinen oder Steinhaufen finden sich in ganz Australien. Die Aborigines grenzen mit ihnen den Platz kultischer Feiern ab – der Akt des Abgrenzens, des Aufreihens der Steine ist dabei schon selber ein kultischer Vollzug.

180
Rest eines größeren «Geröllmosaiks» im Whiteshell Provincial Park in der kanadischen Provinz Manitoba. Im Katalog der Archäologen gehört es zu der Fundstelle MP-4. Die Geröllsteine sind in einer Waldlichtung auf einem Granitausbiß angeordnet. Chippewa-Indianer legten vermutlich die Figuren an Opferstätten. Noch Alexander Mackenzie, der 1793 den Winnipegfluß befuhr, beobachtete bei den damaligen Chippewa ähnliche Bräuche.

181
Der Lange Mann von Wilmington: Grasbild in der Grafschaft Sussex, England. Der Riese ist siebzig Meter hoch; die beiden Stäbe ragen noch etwas über ihn empor. Die Gräben, die seine Umrisse im Gras nachziehen, sind über siebzig Zentimeter breit. Jahrhundertelang hat man an dieser Figur herumgerätselt und in ihr erkennen wollen: Apollo, Hermes, Baldur, Wotan, Beowulf, Thor, die Hindugöttin Varuna, Mohammed oder den Völkerapostel Paulus. Aber vielleicht empfahl sich mit dem Bild auch nur die Benediktinerpriorei in Wilmington vorbeiziehenden Pilgern... Von allen alten Bodenzeichnungen kann der Wilmington-Riese, wegen der starken Hangneigung, am besten vom Boden aus gesehen werden. Bei seiner Restaurierung 1874 ließ man sich Willkür zuschulden kommen. Die Unsicherheit über sein Aussehen vor 1874 macht heute eine zuverlässige Identifikation unmöglich.

182
Der Riese von Cerne Abbas: Grasbild in der Grafschaft Dorset, England. Von Keule bis Fuß mißt der Riese fünfundfünfzig Meter. Die Einkerbungen in der Grasnarbe, die seine Umrisse festlegen, haben einen dreieckigen Querschnitt. Ihre Tiefe und die obere Breite betragen etwa sechzig Zentimeter. Für die Zeichnung mußten gegen zwanzig Tonnen Rasenziegel und Kreide entfernt werden. Ob man in ihm einen römisch-britischen Herkules des dritten Jahrhunderts oder einen weit älteren Fruchtbarkeitsgott à la Priapos sehen will – der Riese bleibt das verblüffendste Werk der südenglischen Graskunst. Anfälle von Prüderie, milde und akute, verschonten die ithyphallische Figur natürlich nicht. Eine Nummer des «Gentleman's Magazine» aus dem Jahre 1764 veröffentlichte das erste Bild von ihr. Das Herrenmagazin, das ihn vorsorglich den «Papisten» anlastete, trug in seiner Zeichnung die Maßzahlen aller Körperteile ein – mit Ausnahme des einen, den dann zehn Jahre später der Historiker J. Hutchins in seiner Geschichte Dorsets sogar ganz wegließ. Es gab auch nächtliche Expeditionen mit dem Ziel, aus Jute und Papier für das maßlose Fruchtbarkeitsidol ein Feigenblatt zu improvisieren. Aber auf jeden Verwedelungsversuch antworteten wache Bürger des Orts mit einer Gegenaktion, die wiederherstellte, was Priaps ist. Kinderlose Frauen der Gegend suchten heimlich den Riesen auf, um ihr Geschick zu wenden. Das Zeitalter von Pille, Pop und Porno hat freilich die einstige Fruchbarkeitserwartung zum Souvenirbildchen von der Freundin auf den Geschlechtsteilen des Giganten verkitscht.

183/184
Scharrbilder bei Blythe, US-Staat Kalifornien, auf alten Flußterrassen des Colorado. Der Geologe W.P. Blake, der die Trasse für eine Eisenbahnverbindung vom Mississippi an den Pazifik erkundete, sah bereits 1854 eine Bodenzeichnung im Colorado-Gebiet. Entdeckt (im eigentlichen Sinn: mit wissenschaftlichen Folgen) wurden die Colorado-Bilder aber erst

1932, als ein Pilot bei Blythe einige Riesenfiguren sichtete. Eine genaue Aufnahme der Gegend ergab drei Gruppen Scharrbilder. Die erste – Bild 183 – umfaßt einen Riesen, einen Vierbeiner und, bei diesem, ein spiraliges Gebilde. Der Riese – oder besser: die Riesin, ihr Geschlecht scheint ursprünglich klar markiert gewesen zu sein – mißt achtundzwanzig Meter von Kopf zu Fuß; die Spannweite der Arme übersteigt einundzwanzig Meter. Der Vierbeiner (ein Pferd?) ist dreizehn Meter lang und über die Schultern neun Meter hoch. Riese und Tier sind gleichaltrig, aber sie überlagern ältere Zeichnungen. Ein alter Ring, der vielleicht tanzend in den Wüstenboden gescharrt wurde, ist heute nur noch sichtbar, wo ihn die Beine der Riesenfigur (knapp unterhalb Kniehöhe) überschneiden. Auch das spiralige Gebilde neben dem Tier gehört zu einer älteren Zeichenschicht. Die Gruppe ist verhältnismäßig leicht von einer nahen Straße her zu erreichen; daher die Einzäunung. Die Spuren der motorisierten Besucher haben den Figuren zu einem modernen (Veitstanz-)Ring verholfen. Die zweite Gruppe, kaum ein Kilometer von der ersten entfernt, aber etwas versteckter, besteht – Bild 184 – wiederum aus einer menschlichen Riesenfigur und einem Vierbeiner. Die Riesin (ihre Weiblichkeit war über jeden Zweifel erhaben, ehe Vandalen sie zu verunstalten begannen) steht einundfünfzig Meter hoch, mit einer Spannweite der Arme von achtundvierzig Metern – die größte der Blythe-Figuren. 1952 war noch die Andeutung von langem Haupthaar sichtbar. Auch der ihr beigegebene Vierbeiner übertrifft noch die Maße des andern. Er ist sechzehn Meter lang und dreizehn Meter hoch. (Abseits und ganz für sich liegt ein dritter Riese, zweiunddreißig Meter hoch; mit Steinen sind bei ihm männliche Geschlechtsorgane angedeutet.)

185

Der Riese bei Sacaton, US-Staat Arizona, im Gila River-Reservat der Pima-Indianer. Der Riese ist sechsundvierzig Meter lang. Der Körper besteht aus einer einzigen, fünfzig Zentimeter breiten Furche. Steinhaufen heben das Ende der Extremitäten und wichtige Körperstellen hervor. Neben dem Riesen ein gleich konzipiertes, kleineres Wesen (Kind?). Die Pima-Indianer nennen den Riesen Hâ-âk Vâ-âk, d.h. «Hâ-âk liegend». Hâ-âk ist in der Sage der Pima ein kinderfressendes Ungeheuer (weiblichen Geschlechts), das ein indianischer Theseus, genannt Älterer Bruder, auf Ersuchen der verängstigten Bevölkerung tötete. Zur Erinnerung an die Befreiung errichteten die Pima diesen Schrein, dem noch heute im Stammesleben religiöse Bedeutung zukommt. Das Denkmal wurde um die Jahrhundertwende erstmals beschrieben und ist mutmaßlich nicht viel älter. Aber eine Reihe von amerikanischen Archäologen sehen in ihm den Schlüssel zu der Bedeutung auch der Riesen bei Blythe.

186

Scharrbild auf der Pampa zwischen Nazca und Palpa in Südperu. Maria Reiche sieht in der fünfzig Meter langen Darstellung das Ideogramm für einen Affen – mit Schädel, zwei Ohren, zwei Händen und neun Fingern. Das unverkürzt ausgeführte Bodenbild eines Spinnenaffen nahebei – mit ebenfalls neun Fingern – stützt ihre Deutung.

187

Die Große Schlange (Serpent Mound State Memorial) in Adams County, US-Staat Ohio. Die sich über einen Hügelkamm am (zur Aufnahmezeit vereisten) Brush Creek windende Schlange ist mehr als vierhundert Meter lang. Das Tier ist mit offenem Maul dargestellt, im Begriff, ein Ei(?) zu verschlucken. Die Umrisse der Schlange wurden zuerst mit kleinen Steinen und Lehmklumpen ausgelegt. Große Mengen gelben Lehms wurden sodann in einer nahen Grube gewonnen, um über den Markierungen den Schlangenleib zu formen. Dieser enthält keinerlei Hinweis auf sein Alter oder die Kultur seiner Schöpfer. Ein Grabhügel unweit von der Schlange gehört zur Adena-Kultur; mit dem Argument der Nachbarschaft wird jetzt im allgemeinen auch der Bilderhügel den Adena-Leuten (in Ohio belegt bis 400 n. Chr.) gutgeschrieben. Die Große Schlange spielte in der Geschichte der amerikanischen Archäologie eine beispielgebende Rolle als eines der ersten Projekte zur Erhaltung von Altertümern. Der Serpent Mound geriet in Gefahr, als ein Tornado, kurz vor dem Bürgerkrieg, den Schutzwald, der ihn versteckte, niedermähte. Bauern holzten die letzten Bäume ab und nahmen das Land unter den Pflug. Ein Archäologe der Universität Harvard schlug Alarm, und «mehrere von Bostons edlen und ernsten Frauen erließen ein privates Rundschreiben...» Die einlaufenden Spenden reichten zu Ankauf und Schenkung der Großen Schlange.

188

Rock Eagle Effigy Mound bei Eatonton im US-Staat Georgia. Der Vogel – ein Adler in der einen, ein Bussard in der andern Deutung – aus weißen Quarzsteinen, die seine indianischen Erbauer von weither anschleppen mußten, mißt von Flügelspitze zu Flügelspitze sechsunddreißig Meter. Der Vogelschau heutiger Besucher dient der Aussichtsturm zu Füßen des Felsbilds. Aus der weiteren Umgebung ist ein zweiter Vogel-Mound bekannt.

189

Der sogenannte Kleine Bärenhügel im Effigy Mounds National Monument, US-Staat Iowa. Die Umrisse des Kleinen Bärs sind künstlich nachgezogen.

190

Roß und Reiter beim Dorf Osmington in der Grafschaft Dorset, England. Das gigantische Streitroß mit Reiter ist hundert Meter hoch. Thomas Hardy («The Trumpet Major») brachte es in Zusammenhang mit der Schlacht von Trafalgar. Andere halten es für den Zeitvertreib einer Garnison, die umsonst auf die Invasion durch napoleonische Truppen wartete. Wahrscheinlicher jedoch ehrt das Grasbild Georg III., dessen Gönnerschaft die nahe Stadt Weymouth viel zu danken hatte. Entstehungsjahr: um 1815. Kein anderes von Südenglands Weißen Pferden trägt einen Reiter.

191

Das Weiße Pferd von Alton Barnes in der Grafschaft Wiltshire, England. Entstehungsjahr: um 1812. Wie alle Weißen Pferde in Wiltshire trabt es nach links. Es ist etwa gleich hoch wie lang, rund fünfzig Meter. Die Luftaufnahme bringt die Überhöhung ungebührlich zur Geltung; bei der Betrachtung vom Boden aus stellt die Hangneigung die Proportionen einigermaßen richtig. Mit den andern Wessex-Pferden ist auch das von Alton Barnes ein Abkömmling des Uffington-Pferdes (nächstes Bild), insofern dieses die Anregung gab. Stilistisch stehen die Neuschöpfungen freilich in der Konvention der zu ihrer Zeit populären Pferdemaler. Spaß und Spleen verbündeten sich im 18. und 19. Jahrhundert in England zur Wiederbelebung der vorgeschichtlichen Graskunst. Landedelleute, Geistliche, Ärzte, Schuhmacher und Feuerwehrmänner wirkten an ihr mit. Ein Gentleman-Farmer namens Robert Pile beauftragte einen wandernden Anstreichergesellen mit dem Roß von Alton Barnes, aber der Bursche machte sich mit dem Vorschuß aus dem Staub. Herr Pile mußte nochmals tief in die Tasche greifen, hatte allerdings die Genugtuung, daß «Jack the Painter» später gehängt wurde.

192

Das Weiße Pferd von Uffington in der Grafschaft Berkshire, England. Länge über alles: hundertzehn Meter. Seine abenteuerliche Stilisierung – zwei Beine suchen einen Rumpf – hat gelegentlich in neuzeitlichen Betrachtern den Verdacht geweckt, daß eigentlich ein Fuchs gemeint sei. Oder ein Drache. Oder ein Windhund. Oder ein Fischsaurier. Dagegen liegen den älteren und ältesten Quellen solche

Verunglimpfungen des Rosses fern – und in einem Traktat des 14. Jahrhunderts über die Wunder Britanniens rangiert es gleich hinter Stonehenge (Bild 168). Ein Zaun schützt jetzt das Pferd vor Souvenir- und Glücksjägern: wer sich dreimal blind in dessen Auge um sich selber dreht, wird – so die Verheißung – Glück erfahren. Die Pferde in der Kreide – das Urbild von Uffington ebenso wie die jüngeren Neuschöpfungen – sind aus der Luft weithin sichtbare Wegmarken: Karten, die Piloten benützen, verzeichnen sie als Orientierungshilfen. Mit gutem Grund ordnete das englische Kriegsministerium im Zweiten Weltkrieg ihre Verdunkelung an: grüne Farbe, Rasenziegel und Gezweig tarnten sie nach 1940 für die deutschen Flieger.

193
Nazca-Scharrbild: ein sechsundvierzig Meter langes Spinnentier. Gerald S. Hawkins nimmt jetzt die auffällige Verlängerung eines Laufbeins (des dritten Beinpaars) zum Anlaß, um das Tier als Kapuzenspinne (Ordnung Ricinulëi), eine Bewohnerin der Amazonas-Urwälder, zu identifizieren. Kapuzenspinnen-Männchen benützen das dritte Beinpaar als Begattungsorgan. Von diesem Sachverhalt ausgehend, spekuliert Hawkins über die mögliche Rolle des Bilds in einem Fruchtbarkeitskult.

194
Nazca-Scharrbild: ein Riesenvogel, von Schwanz zu Schnabel hundertfünfunddreißig Meter lang. Maria Reiche identifiziert ihn als von unten gesehenen, fliegenden Fregattvogel.

195
Nazca-Scharrbild: ein Riesenreptil, Eidechse oder Krokodil, fast hundertundneunzig Meter lang, von der Panamericana-Straße (linke untere Bildecke) entzweigeschnitten.

196
Nazca-Scharrbild: Darstellung einer Pflanze (?). Maria Reiche erkennt in ihr Seetang. Links unten wieder die Panamericana. Sie ist der Fluch der Nazca-Bodenzeichnungen. Nicht nur wurden deren manche beim Straßenbau zerstört: allzu viele Benützer der Fernstraße können der Versuchung nicht widerstehen, sich mit Autorädern in dem vorkolumbischen Zeichenbuch einzutragen – Spuren zeitgenössischer Torheit unter den Ideogrammen prähistorischer Weisheit.

197
Nazca-Scharrbild: eine Blume, vierzig Meter lang. Maria Reiche betont die Ausrichtung des Stiels nach Westen. Eine Äquinoktial-Linie?

198
Nazca-Scharrbild: eine hundert Meter lange Vogeldarstellung (Kolibri?) Der Schnabel des Vogels endet an einer Linie, die – zufällig? – auf den Aufgang der Sonne zur Wintersonnenwende zeigt.

199
Nazca-Scharrbilder: gerade Linien und Flächen nahe dem Steilabbruch des Wüstenhochplateaus. Das größere Dreieck hat eine Grundlinie von nahezu hundertzwanzig, das kleinere von über dreißig Metern. Phantasterei hat die nicht-figürlichen Motive im Arsenal der Nazca-Bodenzeichner flugs zu Landebahnen und Starthilfen für außerirdische Raumpiloten umfunktioniert. Traurig zu denken, daß diese Superintelligenzen von einem fernen Stern es anscheinend nicht einmal bei An- und Abflug etwas weiter gebracht haben....

200
Nazca-Scharrbilder: Menschendarstellungen am Berghang. Im Unterschied zu den Bodenbildern auf der Wüstenhochfläche, die stets das Erzeugnis einer ohne Unterbrechung durchgezogenen Linie sind, bestehen die Hangzeichnungen aus Einzelstrichen – vielleicht wegen der technischen Schwierigkeit beim Scharrzeichnen auf der stark geböschten Unterlage, vielleicht weil sie älter oder jünger sind.

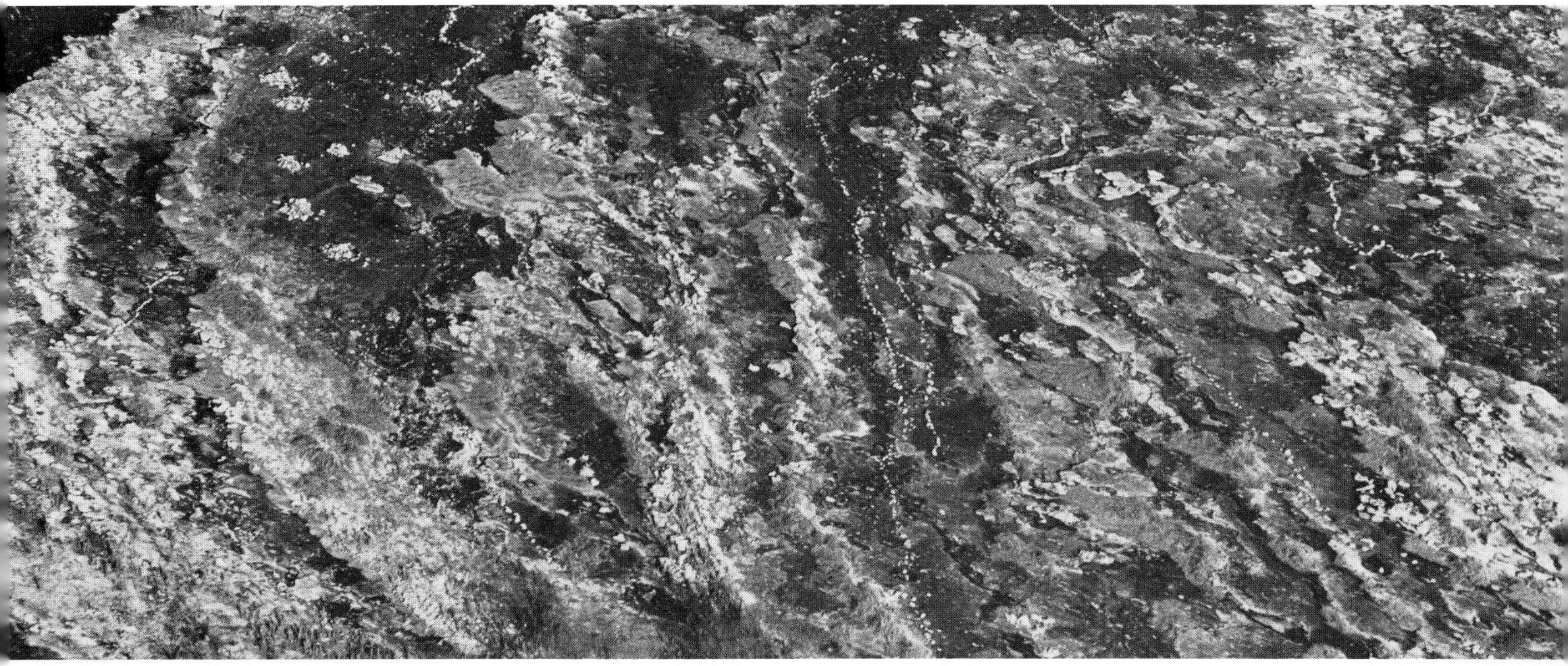

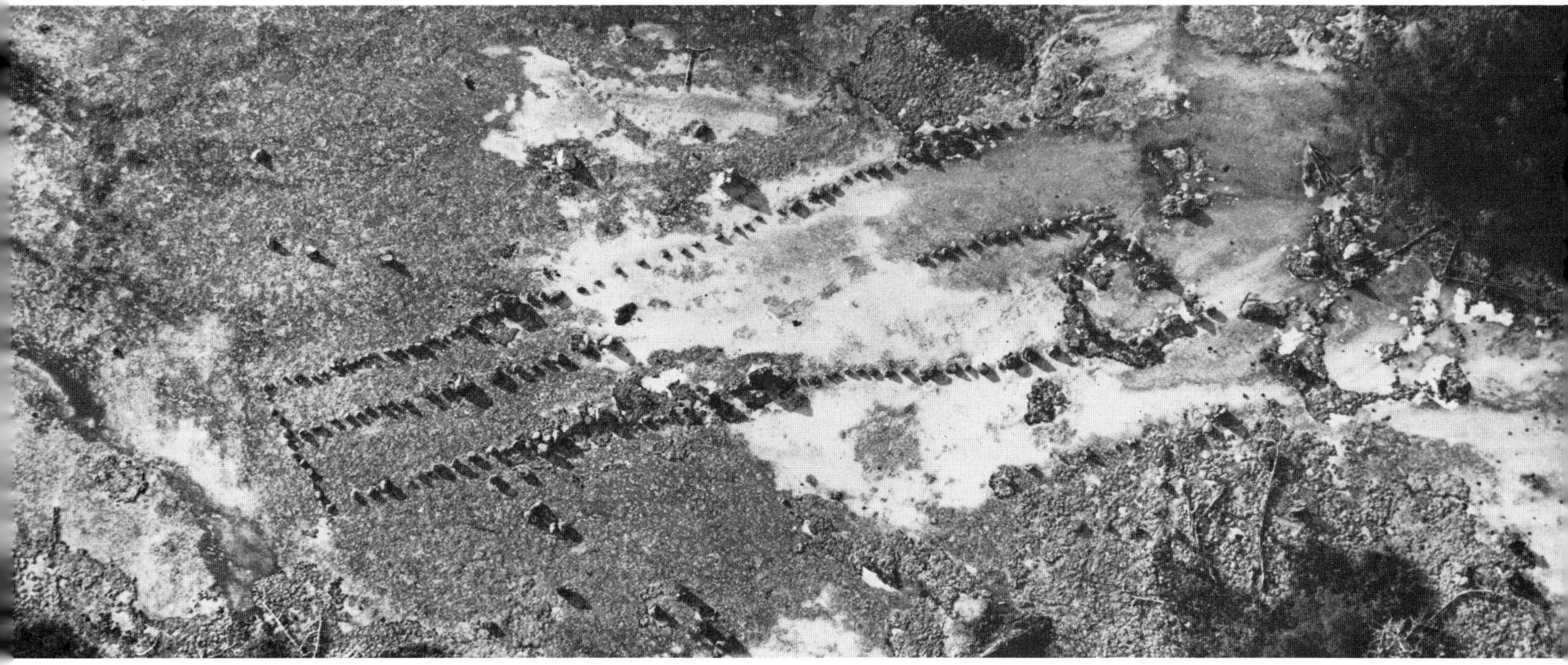

179 180

181

182

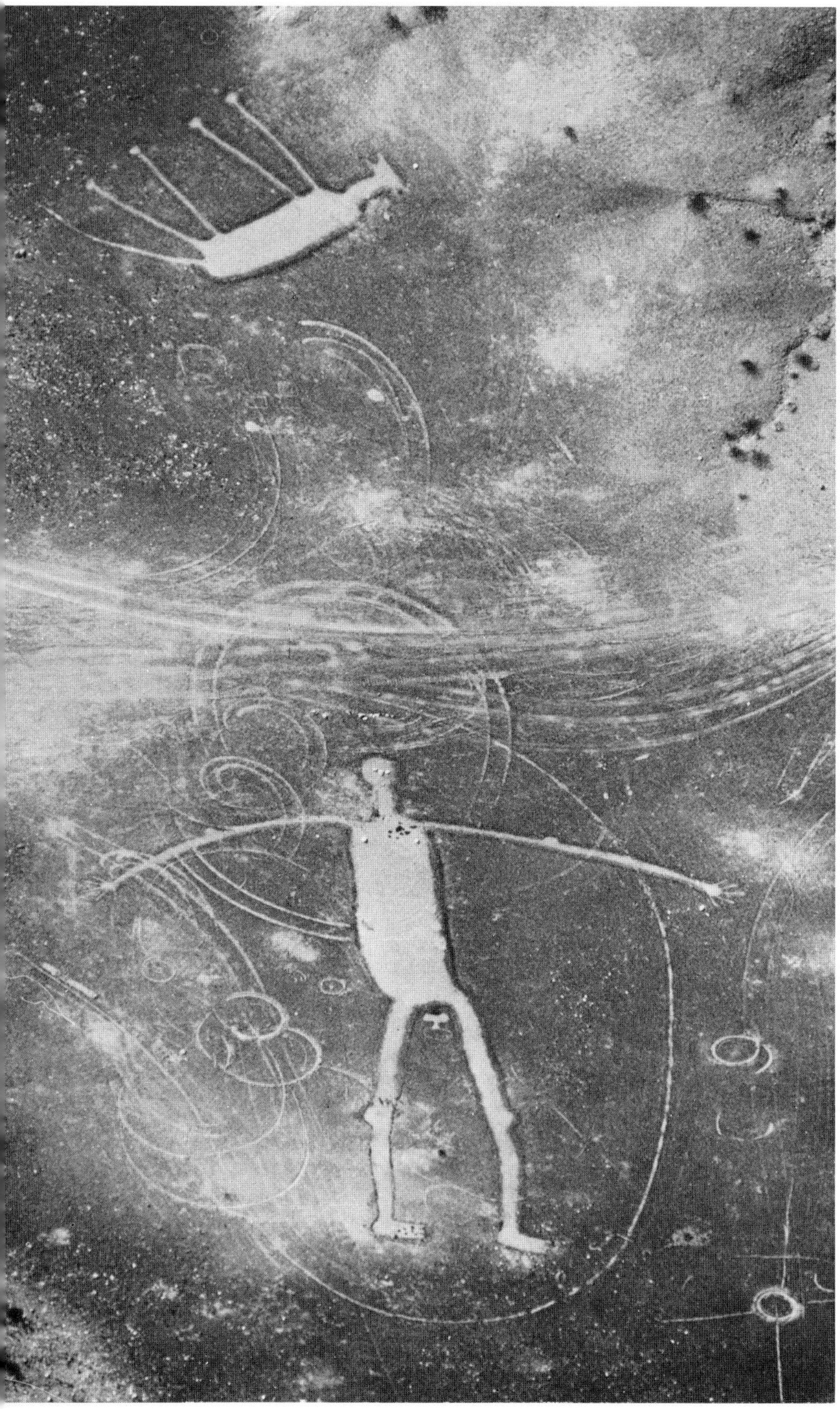

184

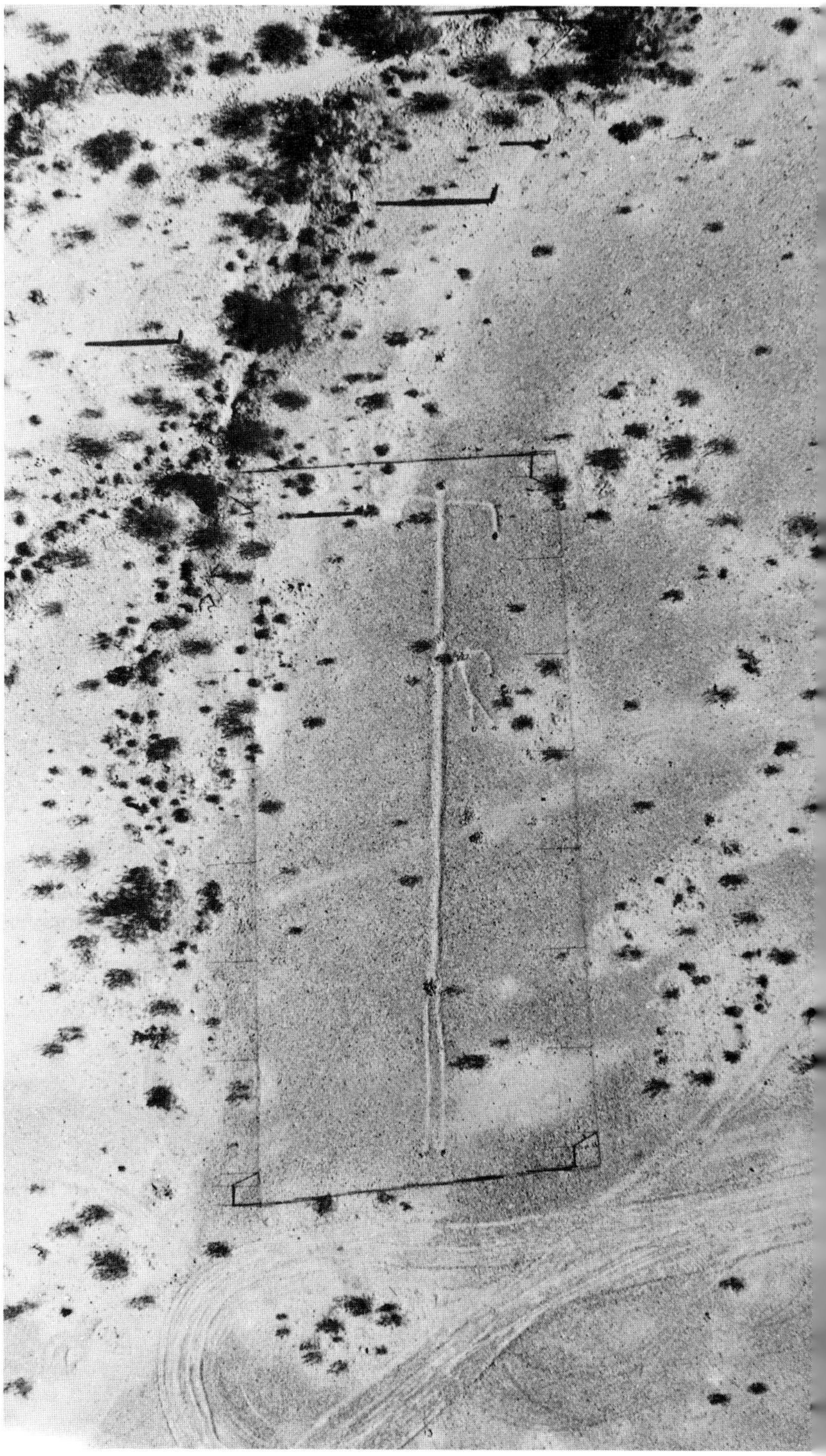

185

186

187 ▸

188 — 191

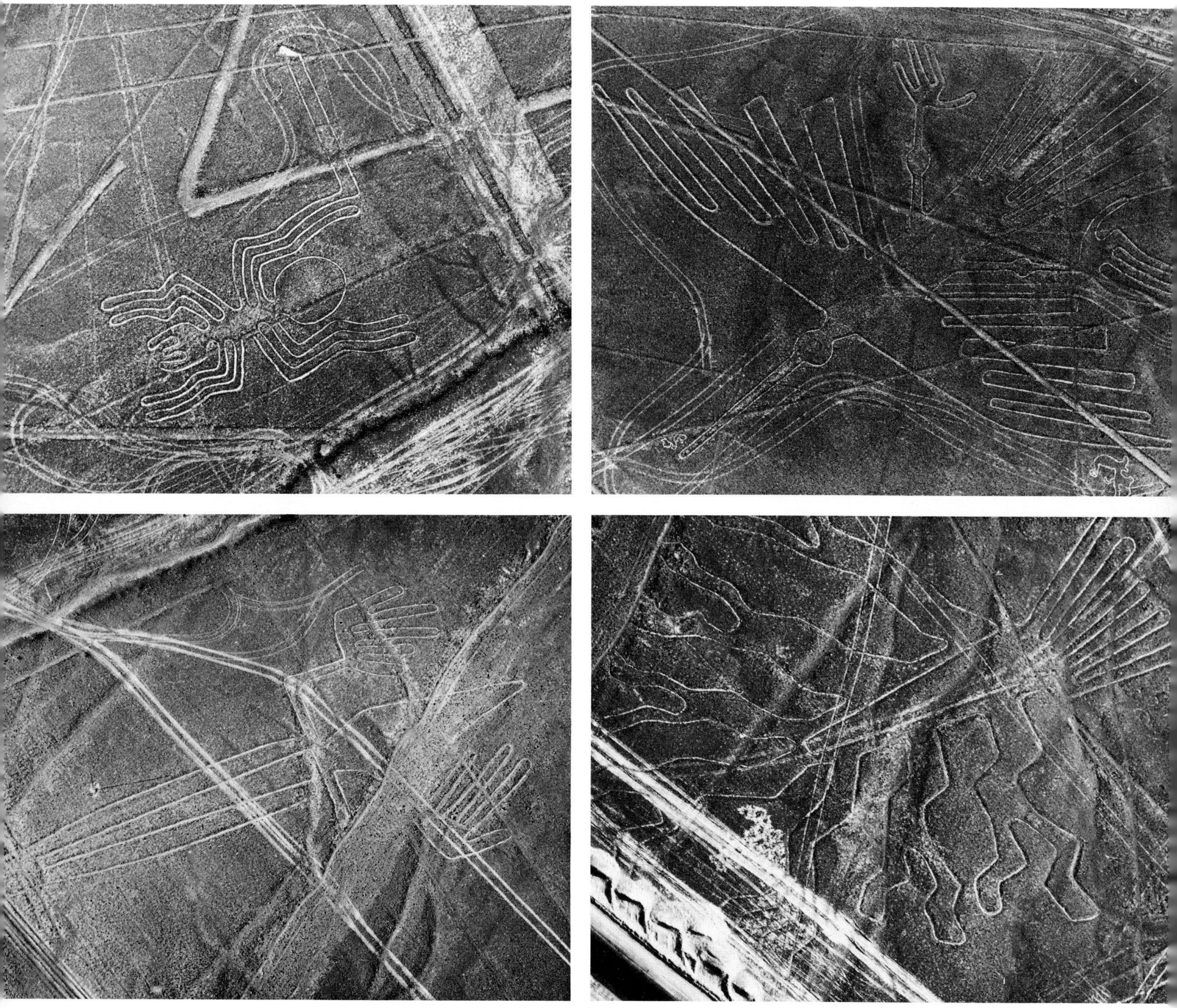

193–196

197

198

199▸

200

Verzeichnis der Bilder

1
Landvorsprung bei Dahab, Sinai
2
Die San Andreas-Bruchzone in der Carrizo-Ebene, Kalifornien, USA
3
Meteoriten-Einschlagskrater in Arizona, USA
4
Flußmäander zwischen Fairbanks und Anchorage, Alaska, USA
5
Vulkankegel im Todestal, Kalifornien, USA
6
Centipede Reef im Großen Barriere-Riff, Australien
7
Bryce Canyon, Utah, USA
8
Erosionsstruktur in der mesopotamischen Tiefebene, Irak
9
Eisbrecher im McMurdo-Sund, Antarktis
10
Baumleichen auf der Insel Hawaii, Hawaii, USA
11/12
Flamingos am und im Hannington-See, Kenia
13
Gnu-Wechsel in der Serengeti, Tansania
14
Trampelpfade in der mesopotamischen Tiefebene, Irak
15
Wasserblüte in der Bucht von Ise, Japan
16
Ein Stück Roß-Schelfeis, Antarktis
17
Baumleichen bei Gove, Australien
18
Teerige Rückstände auf einem Sandstrand, Nigeria
19
Wasserhyazinthen in der Laguna de Bay, Philippinen
20
Wochenend-Nomaden in der Amerikanischen Sahara, Kalifornien, USA
21
Seelöwen und See-Elefanten auf der Neujahrsinsel, Kalifornien, USA
22/23
Der Vulkan Erta Ale in der Afarsenke, Äthiopien
24
Untätiger Vulkan in der Afarsenke, Äthiopien
25
Reste eines Salzpfropfens in der Afarsenke, Äthiopien
26
Labyrinthischer Wirbel aus Salzblöcken in der Afarsenke, Äthiopien
27/28
Dalol in der Afarsenke, Äthiopien
29/30
Quellen am Rand der Afarsenke, Äthiopien
31
Abflußspuren im Wüstenlack der Afar, Äthiopien
32
Salzkarawane auf dem Weg ins Hochland, Äthiopien
33
Altstadt von Bern, Schweiz
34
Oasenstadt El Oued, Algerien
35
Labbézanga auf einer Insel im Niger, Mali
36
Hof südlich von Bagdad, Irak
37
Burg Kreuzenstein bei Korneuburg, Österreich

38
Gehöft der Kirdi bei Rumsiki, Kamerun
39
Chinesisches Gehöft, Kronkolonie Hong Kong
40
Dorf am Kainji-See, Nigeria
41
Saint-Malo, Frankreich
42
Vorort von Seattle, Washington, USA
43
Stadtkern von Los Angeles, USA
44
Wohninseln und Tonnenhäuser der Madan, Irak
45
Pfahlbau-Siedlung im Nokwe-See, Dahomey
46
Kayar, Senegal
47
Zulu-Siedlung bei Durban, Südafrika
48
Niloten-Gehöfte am Sobat, Sudan
49
Edmundshof auf der Parndorfer Heide, Österreich
50
Nagasaki, Japan
51
Konso-Siedlung Buso, Provinz Gamugofa, Äthiopien
52
Ölpalmenpflanzung mit Siedlung für die Plantagenarbeiter, Nordsumatra, Indonesien
53
Dschunken im Hafen von Aberdeen, Kronkolonie Hong Kong
54
Campingstadt bei Kopenhagen, Dänemark
55
Mobile Homes in Long Beach, Kalifornien, USA
56
Songhai-Dorf bei Timbuktu, Mali
57
Squatter-Siedlung bei Brasilia, Brasilien
58
Wikingisches Standlager Trelleborg auf Seeland, Dänemark
59
Sun City bei Phoenix, Arizona, USA
60
Mexcaltitán im Staat Nayarit, Mexiko
61
Hatra, Irak
62
Peul-Siedlung am Bani, Mali
63
Pueblo-Ruinen in Neu-Mexiko, USA
64
Wells Estate, Epsom Common, England
65
Pilot-Stadt von Jupiá, Mato Grosso, Brasilien
66
Nikosia, Zypern
67
Brønbyvester, Dänemark
68
Urwaldstraße, Mato Grosso, Brasilien
69
Spanische Treppe in Rom, Italien
70
Goldführende Schotter des Klondike, Yukon-Territorium, Kanada
71
Sheddächer mit Probeanstrichen im Werftgelände von Nagasaki, Japan
72
Klimaanlage auf einem Hochhaus in Los Angeles, USA
73
Stadtautobahnen in Los Angeles, USA
74
Bingham Canyon Mine, Utah, USA
75
Wellenbrecher auf Honschu, Japan
76
Neulandgewinnung bei Sha Tin, Kronkolonie Hong Kong

77
Windschutzzäune für die Abraumhalde eines Goldbergwerks bei Johannesburg, Südafrika
78
Achterbahn bei Denver, Colorado, USA
79
Volleyball- und Basketball-Spieler, Kalifornien, USA
80
Engadiner Skimarathon, Schweiz
81
Ruderregatta auf dem Rotsee, Schweiz
82
Kriegsflugzeuge auf dem Luftwaffenstützpunkt Davis-Monthan, Arizona, USA
83
US-Reserveflotte in San Diego, Kalifornien, USA
84
Ölfördertürme im Maracaibo-See, Venezuela
85
Förderanlagen auf dem Ölfeld von Zelten, Libyen
86
Angeflößtes Sägeholz, Britisch-Kolumbien, Kanada
87
Großtankerbau in Nagasaki, Japan
88
Hauptbahnhof Zürich, Schweiz
89
Farbcodierte Containers im Containerhafen der Kronkolonie Hong Kong
90
Brückenbaustelle bei Santa Barbara, Kalifornien, USA
91
Verdunstungsspirale El Caracol, Mexiko
92
Salzernte bei San Diego, Kalifornien, USA
93–96
Konzentrations- und Kristallisationsbecken der Salinen bei San Francisco und San Diego, Kalifornien, USA
97
Salzpfannen bei Massaua, Äthiopien
98
Salzpfannen bei Foundiougne, Senegal
99/100
«Marais salants» von Guérande, Frankreich
101
Strohfeuer auf Seeland, Dänemark
102
Reisanbauterrassen von Banaue, Philippinen
103
Hirseanbauterrassen in Kamerun
104/105
Anbauterrassen im Gebirge Juda, Cisjordanien
106
Kalifornischer Mohn bei Lompoc, Kalifornien, USA
107
Terrassenanbau auf Kiuschu, Japan
108/109
Souf-Oasen, Algerien
110
Foggara bei In Salah, Algerien
111
Reisernte im Niger, Republik Niger
112
Schotterwälle und Feuersteinhaufen im Wadi Abiad, Israel
113/114
Viehtränken in der Pampa, Argentinien
115
Chinampas bei Mexico City, Mexiko
116
Gemüsebau im Imperial Valley, Kalifornien, USA
117
«Stern von Ensérune» bei Béziers, Frankreich
118
Gemüsebau in den New Territories, Kronkolonie Hong Kong
119
Ernte in der Pampa, Argentinien
120
Feldervierecks, Mato Grosso, Brasilien

121
Feldermosaik, Provinz Wollo, Äthiopien
122
Zitruspflanzungen bei Morphou, Zypern
123
Kaffeeplantage im Gliedstaat São Paulo, Brasilien
124
Ananasfelder auf Oahu, Hawaii, USA
125
Erdnußpyramiden am Stadtrand von Kano, Nigeria
126
Bambusflöße mit Perlmuscheln in der Ago-Bucht, Japan
127
Tabakanbau bei Medan, Sumatra, Indonesien
128
Austernmast bei Marennes, Departement Charente-Maritime, Frankreich
129
Bewässerungskarusselle in Nebraska, USA
130/131
Feldergraphik bei North Platte, Nebraska, USA
132
Farm bei Wauneta, Nebraska, USA
133–136
Feldergraphik, Nebraska, USA
137
Weizenanbau entlang den Höhenlinien, Nebraska, USA
138
Agrarlandschaft bei Scottsbluff, Nebraska, USA
139
Bewässerungskarusselle einer Farm bei Imperial, Nebraska, USA
140
Bewässerungskarussell mit Luzernefeld, Nebraska, USA
141
Zur Abwehr der Winderosion bearbeitetes Schwarzbrachefeld, Nebraska, USA
142
Hügelgräber bei Avebury, Grafschaft Wiltshire, England
143
Höhenburg von Hod Hill, Grafschaft Dorset, England
144
Knowlton Rings, Grafschaft Dorset, England
145/146
Carnuntum an der Donau, Österreich
147
Palast des Kalifen al-Mutawakkil, Samarra, Irak
148
Sigiriya, Sri Lanka
149
Masada, Israel
150
Dschebel Adda, Ägypten
151
Abu Simbel, Ägypten
152
Alte Feldsysteme in der Atacama, Chile
153
Dschebel Mussa, Südsinai
154
Tell es-Sultan, Jericho, Cisjordanien
155
Et-Tell bei Deir Diwan, Cisjordanien
156
Ruinenhügel der Philisterstadt Ekron, Israel
157
Altstadt von Jerusalem
158
Megiddo, Israel
159
Chasor, Israel
160
Gezer, Israel
161
Die Wüste Juda, Cisjordanien
162
Samaria, Cisjordanien
163
Samaritanisches Hügelland, Cisjordanien

164
Herodeion, Cisjordanien
165
Ayers Rock, Australien
166
Innerer Schrein von Ise, Japan
167
Mont-Saint-Michel, Frankreich
168
Stonehenge, Grafschaft Wiltshire, England
169
Spiralminarett der Größen Moschee von Samarra, Irak
170
Stupa, Sri Lanka
171
Georgskirche in Lalibela, Äthiopien
172
Turm von Babylon, Irak
173
Radar-Radioteleskop von Arecibo, Puerto Rico
174
«Spiral Jetty» von Robert Smithson, Utah, USA
175
Maria-Einsiedeln, Schweiz
176
«Double Negative» von Michael Heizer, Nevada, USA
177
Teatro Amazonas in Manáus, Brasilien
178
Chinesischer Friedhof bei Medan, Sumatra, Indonesien
179
Geröllzeichnung bei Cannon Hill, Australien
180
«Geröllmosaik» im Whiteshell Provincial Park, Manitoba, Kanada
181
Langer Mann von Wilmington, Grafschaft Sussex, England
182
Riese von Cerne Abbas, Grafschaft Dorset, England
183/184
Scharrbilder bei Blythe, Kalifornien, USA
185
Riese bei Sacaton, Arizona, USA
187
Großer Schlangenhügel in Ohio, USA
188
Rock Eagle Effigy Mound in Georgia, USA
189
Kleiner Bärenhügel in Iowa, USA
190
Roß und Reiter bei Osmington, Grafschaft Dorset, England
191
Weißes Pferd von Alton Barnes, Grafschaft Wiltshire, England
192
Weißes Pferd von Uffington, Grafschaft Berkshire, England
186/193–200
Scharrbilder auf der Pampa zwischen Nazca und Pąlpa, Peru

Nachweise

Die Fotos

Zur Erstellung des Bildmaterials flog der Verfasser mehr als tausend Stunden in kleinen Chartermaschinen über neunundfünfzig Ländern und Territorien der Erde. Bei der endgültigen Auswahl der Bilder hatten thematische Kategorien den Vorrang; geographische Vielfalt wurde erst in zweiter Linie angestrebt. Aber auch so vertreten die gezeigten Bildbeispiele noch vierzig Länder und Territorien auf den sieben Erdteilen.

Ausrüstung

Nikon-Kameras und Nikkor-Objektive der Brennweiten 28 bis 180 mm. Die Motorisierung der Kameras ermöglicht bei An- und Überflug die Bildgestaltung in Sekundenbruchteilen; sie schlägt mit einer wesentlichen Ersparnis zu Buch: das Mieten teurer Hubschrauber entfällt.

Filmmaterial

Ilford FP-4 für die schwarzweißen, Kodachrome II bzw. Kodachrome 25 für die farbigen Aufnahmen. Auflösungsvermögen und Schärfe der Kodachrome-Filme, zusammen mit moderner Repro-Technik, liefern im Kleinbildformat Ergebnisse, die die Verwendung von Kameras zumindest des nächstgrößeren Bildformats erübrigt.

Freigabe

Das österreichische Bundesministerium für Landesverteidigung gab die Bilder 37, 49, 145 und 146 mit dem Vermerk Zl. 10.831-RAbtB/74 zur Veröffentlichung frei.

Illustrationen im Text

Den isländischen Jerusalemplan im Kapitel «Ein Siedlungsarchetyp: die Rundstadt» zeichnete Albert Gerster nach einem Manuskript im Besitz der Kopenhagener Universitätsbibliothek (wiedergegeben bei W. Müller, «Die heilige Stadt») um. Die Übersicht über die Mounds-Typen im Mississippi- und Ohio-Tal im Kapitel «Bilder für die Götter?» verdanke ich der Verwaltung des Effigy Mounds National Monument. Die Quellen der übrigen Textillustrationen sind jeweils in der begleitenden Bildlegende genannt.

Die benützte Literatur

Die nachstehend aufgeführten Titel wollen lediglich eine Verbeugung des Dankes gegenüber Autoren sein, deren Bücher und Aufsätze beim Schreiben der Bildlegenden halfen – keine eigentliche Bibliographie, nicht einmal eine auswählende. Soweit die Bilder allgemein Bekanntes und daher leicht Nachschlagbares zum Inhalt haben, ist auf die Angabe von Literatur überhaupt verzichtet. Informanten, die mündliche und briefliche Auskünfte beisteuerten, sind mit Dank am Anfang des Buchs genannt.

Flug über die Afarsenke

Holwerda, J.C./Hutchinson, R.W.: Potash-Bearing Evaporites in the Danakil Area, Ethiopia, in: Economic Geology, Bd. 63, Nr. 2 (März/April 1968)

Das Dach über dem Kopf

Le Corbusier: Aircraft (The New Vision, Nr. 1), London 1935. *Hofer, P.:* Die Stadtgründungen des Mittelalters zwischen Genfersee und Rhein, in: Flugbild der Schweiz, Bern 1963. *Westphal-Hellbusch, S.:* Die Ma'dan, Berlin 1962.

Ein Siedlungsarchetyp: die Rundstadt

Creswell, K.A.: Early Muslim Architecture, Oxford 1932–40. *Moholy-Nagy, S.:* Die Stadt als Schicksal, München 1970. *Müller, W.:* Die heilige Stadt, Stuttgart 1961. *Vogt, A.M.:* Russische und französische Revolutions-Architektur, Köln 1974.

Kalligraphien des industriellen Zeitalters

Cook, W.H.: Stabilizing Gold Mine Slimes Dams and Sand Dumps by Means of a Vegetative Cover, Vortrag vor der National Association for Clean Air, 1970 (erhältlich durch Chamber of Mines Services, Johannesburg). *Groves, J.E.:* Reclamation of Mining Degraded Land, in: South African Journal of Science, Bd. 70 (Oktober 1974)

Landschaft aus Bauernhand

Coe, M.D.: The Chinampas of Mexico, in: Scientific American, Juli 1964. *Evenari, M./Shanan, L./Tadmor, N.:* The Negev, Cambridge, Mass. 1971. *Needham, J.:* Science and Civilisation in China, Bd. 2: History of Scientific Thought, Cambridge 1956. *Ron, Z.:* Agricultural Terraces in the Judean Mountains, in: Israel Exploration Journal, Bd. 16, Jerusalem 1966. *Schumacher, E.:* Photochemische Speicherung der Sonnenenergie, in: Neue Zürcher Zeitung, Nr. 114, 21. Mai 1975. *Troll, C.:* Qanat-Bewässerung in der Alten und Neuen Welt, in: Mitt. d. Österr. Geograph. Ges., Bd. 105 (1963). *Whyte, R.O.:* Evolution of Land Use in South-Western Asia, in: A History of Land Use in Arid Regions, Unesco, Paris 1961.

Archäologen gehen in die Luft

Crawford, O.G.S.: Wessex from the Air, Oxford 1928; *ders.:* Air Photography for Archaeologists, Ordnance Survey Professional Papers, London 1929. *Dolenz, H.:* Luftbild und Archäologie, Leserzuschrift zu Johann Dominikus Prunner von Sonnenfeld, in: Kosmos, Stuttgart, November 1973. *Newhall, B.:* Airborne Camera, New York 1969. *Sarre, F.:* Kunstwissenschaftliche Arbeit während des Weltkrieges in Mesopotamien, Ost-Anatolien, Persien und Afghanistan, in: Kunstschutz im Kriege, Leipzig 1919. *Scollar, I.:* Archäologie aus der Luft, Düsseldorf 1965. *Vorbeck, E./Beckel, L.:* Carnuntum, Salzburg 1973. *Wiegand, Th.:* Denkmalschutz und kunstwissenschaftliche Arbeit während des Weltkrieges in Syrien, Palästina und Westarabien, in: Kunstschutz im Kriege, Leipzig 1919. *Wise, J.:* Through the Air, Philadelphia 1873.

Biblische Städte und Stätten im Flug

Dever, W.G. (u.a.): Further Excavations at Gezer, 1967–1971, in: The Biblical Archaeologist, Bd. 34, Cambridge, Mass. 1971. *Segal, A.:* Herodium, in: Israel Exploration Journal, Bd. 23, Jerusalem 1973.

Mäler des Fragens

Hawkins, G.S.: Stonehenge Decoded, New York 1965. *Killer, P.:* Leitfossilien der Zeitkunst 1945–1973, in: DU, April 1973. *Tomkins, C.:* Onward and Upward with the Arts, in: The New Yorker, 5. Februar 1972.

Bilder für die Götter?

Folsom, F.: America's Ancient Treasures, New York 1971. *Hawkins, G.S.:* Beyond Stonehenge, New York 1973. *Marples, M.:* White Horses and Other Hill Figures, London 1949. *Reiche, M.:* Geheimnis der Wüste, Stuttgart-Vaihingen 1968. *Rogers, M.J.:* Early Lithic Industries of the Lower Basin of the Colorado, San Diego 1939; *ders.:* Ancient Hunters of the Far West, San Diego 1966. *Steinbring, J.:* The Tie Creek Boulder Site of Southeastern Manitoba, in: Ten Thousand Years, Archaeology in Manitoba, Winnipeg 1970.